# El infinito en un junco

## TYTO ALBA
## IRENE VALLEJO

Guion

Xisca Mas

Adaptación e ilustraciones

Tyto Alba

Papel certificado por el Forest Stewardship Council®

### El infinito en un junco

**Adaptación gráfica**

Coordinación editorial: Carmen Carrión
Color y maquetación: Irene Castilla (M. I. Maquetación, S. L.)

Primera edición: abril de 2024

© 2023, Tyto Alba, por las ilustraciones
© 2019, Irene Vallejo, por el texto
© 2024, Xisca Mas, por el guion

Publicado por acuerdo con Casanovas & Lynch Agencia Literaria

© 2024, Penguin Random House Grupo Editorial, S. A. U.
Travessera de Gràcia, 47-49. 08021 Barcelona

Créditos de las imágenes: P. 104: Album / De Agostini Picture Libray;
LONE STAR / MUTUAL FILM / Album. P. 124: © Gervasio Sánchez. P.141: *Guernica*,
© Pablo Picasso, VEGAP, Barcelona 2023. P. 141: Nabokov ID (cortesía de Andrea Pitzer).
Album / Fine Art Images. P. 156: Heritage Auctions, HA.com. P. 160: © Adolfo García.
P. 179: Album /TopFoto. P. 187: GOSKINO / Album. P.187: Album / Fine Art Images

P. 163: la cita pertenece a *Después de mil balas*, de Izet Sarajlić, traducido del serbocroata
por Fernando Valverde y Branislava Vinaver

Penguin Random House Grupo Editorial apoya la protección del *copyright*.
El *copyright* estimula la creatividad, defiende la diversidad en el ámbito de las ideas y el conocimiento,
promueve la libre expresión y favorece una cultura viva. Gracias por comprar una edición autorizada
de este libro y por respetar las leyes del *copyright* al no reproducir, escanear ni distribuir ninguna
parte de esta obra por ningún medio sin permiso. Al hacerlo está respaldando a los autores
y permitiendo que PRHGE continúe publicando libros para todos los lectores.
Diríjase a CEDRO (Centro Español de Derechos Reprográficos, http://www.cedro.org)
si necesita fotocopiar o escanear algún fragmento de esta obra.

*Printed in Spain* – Impreso en España

ISBN: 978-84-19951-45-8
Depósito legal: B-1.718-2024

Compuesto en M. I. Maquetación, S. L.
Impreso en Gráficas 94, S. L.
Sant Quirze del Vallès (Barcelona)

C 9 5 1 4 5 8

Para Pedro,
que llegó con el infinito bajo el brazo,
que me regala
desvelos y sueños,
sabotajes e inspiración.

# PRÓLOGO

Es una aventura tan fantástica como la búsqueda de las minas del rey Salomón o del arca perdida, pero en este caso los documentos demuestran que sucedió de verdad.

En el siglo III a. C., ocurre algo extraordinario. Se crea una biblioteca universal que por primera y única vez hasta hoy reuniría TODOS los libros del mundo: la Gran Biblioteca de Alejandría.

Los soberanos de Egipto aprovechan las ventajas del poder absoluto para cumplir su sueño y enriquecer su colección. No dudan en rebanar cuellos si es necesario para hacerse con un libro codiciado. Al fin y al cabo, los reyes a veces se ven obligados a dejar a un lado los escrúpulos por el bien de su país...

Otras veces el método no es tan sangriento y se limita a una simple estafa. Requisan cualquier escrito en los barcos que hacen escala, lo copian en papiros nuevos y devuelven la copia tras quedarse con el original.

Al parecer, Ptolomeo II envió mensajeros a los soberanos de cada país de la Tierra con un carta sellada, en la que exigía una minucia: que le entregaran todos sus libros.

QUIERO MÁS POEMAS, FILOSOFÍA, MEDICINA, TEATRO, HISTORIA...

Ese apetito de libros dispara el precio de algunos títulos, atrayendo a pícaros y falsificadores. Algún sabio gracioso se divirtió escribiendo auténticos fraudes con títulos que hoy intrigarían a los más curiosos...

«LO QUE TUCÍDIDES NO DIJO».

«¡Compra este clásico de valor incalculable y descubre los secretos inconfesables del gran Tucídides!».

El libro ha superado la prueba del tiempo, ha demostrado ser un corredor de fondo. Como dice Umberto Eco, pertenece a la categoría de los objetos perfectos. Una vez inventados no se puede hacer nada mejor.

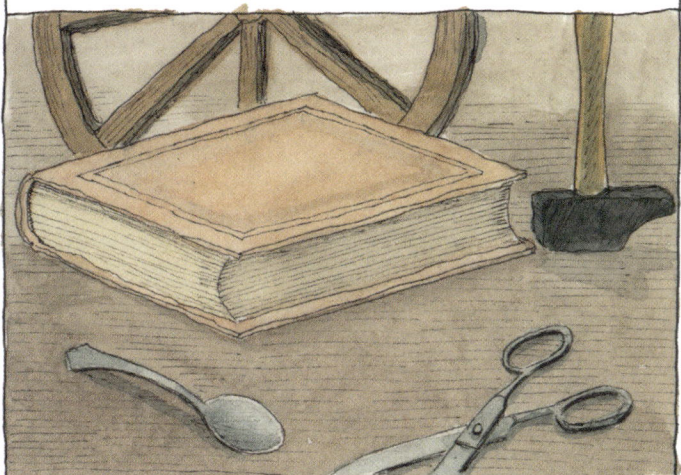

Sin embargo, otros se han convertido en meros cacharros en muy pocos años. Tumbas inaccesibles de nuestras fotos, música, películas y recuerdos...

Es muy curioso que podamos leer un manuscrito copiado con inmensa paciencia hace más de diez siglos pero no podamos ver una cinta de vídeo o escuchar un casete de hace apenas unos años.

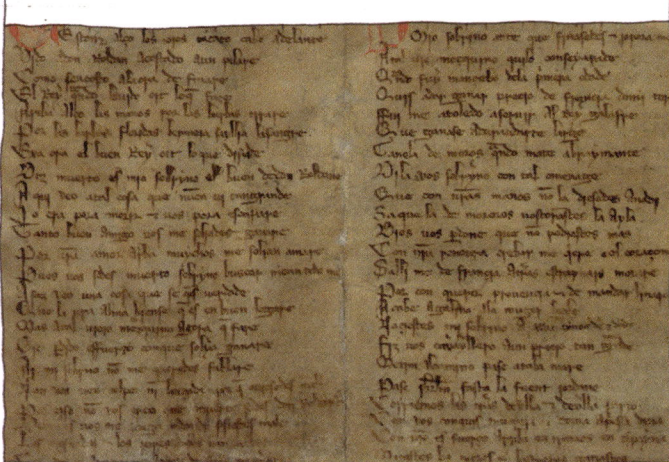

El libro siempre ha sido nuestro aliado en una guerra que no aparece en los manuales de historia: la lucha por preservar nuestras palabras, creaciones valiosas que son apenas un soplo de aire, ficciones inventadas para dar sentido al caos y sobrevivir en él.

Mi relato pretende continuar la aventura de aquellos cazadores de libros. Quisiera ser su compañera de viaje, al acecho de manuscritos perdidos, historias desconocidas y voces a punto de enmudecer. Tal vez ellos no entendían la trascendencia de su misión...

... pero sospecho que, al buscar el rastro de todos los libros como si fueran piezas de un tesoro disperso, ponían sin saberlo los cimientos de nuestro mundo.

# GRECIA IMAGINA EL FUTURO

## LA CIUDAD DE LOS PLACERES Y LOS LIBROS

La mujer del mercader, joven y aburrida, duerme sola. Hace diez meses que su marido zarpó rumbo a Egipto y todavía no ha llegado ni una carta.

No soporta la monotonía de la vida en el gineceo, siempre en casa, sin salir para evitar murmuraciones. ¡Es asfixiante!

AMA, LA SEÑORA GÍLIDE HA VENIDO A VISITARLA. ¿LA HAGO PASAR?

¡MAMITA GÍLIDE! HACE MESES QUE NO VIENES A MI CASA.

SABES QUE VIVO LEJOS, Y TENGO YA MENOS FUERZAS QUE UNA MOSCA.

BUENO, BUENO, A TI AÚN TE QUEDAN FUERZAS PARA DARLE UN BUEN ACHUCHÓN A MÁS DE UNO.

¡BÚRLATE! PERO ESO QUEDA PARA VOSOTRAS LAS JOVENCITAS.

ESCUCHA: UN JOVEN FUERTE Y GUAPO QUE HA GANADO DOS VECES EL PREMIO DE LUCHA EN LOS JUEGOS OLÍMPICOS SE HA FIJADO EN TI Y QUIERE SER TU AMANTE.

LLEVA CLAVADO EL AGUIJÓN DE LA PASIÓN.

CONCÉDETE UNA ALEGRÍA. ¿TE VAS A QUEDAR AQUÍ CALENTANDO LA SILLA? CUANDO QUIERAS DARTE CUENTA SERÁS VIEJA Y LAS CENIZAS SE HABRÁN ZAMPADO TU LOZANÍA.

CALLA, CALLA...

¿A QUÉ SE DEDICA TU MARIDO EN EGIPTO? TE TIENE OLVIDADA, Y YA HABRÁ MOJADO LOS LABIOS EN OTRA COPA.

Para vencer la última resistencia de la chica, Gílide describe con labia todo lo que Egipto, y especialmente Alejandría, ofrecen al marido ingrato.

Este es el comienzo de una obra de teatro griega del siglo III a.C., escrita con un intenso aroma de vida cotidiana.

Gílide es una de las primeras celestinas de la historia de la literatura, una alcahueta profesional que conoce los secretos del oficio y juega con el punto débil de sus víctimas: el miedo universal a envejecer.

Sin embargo sus ardides no funcionan esta vez. El diálogo acaba con los insultos de la chica, por fidelidad a su marido ausente o por no correr el riesgo del adulterio.

¿SE TE HA REBLANDECIDO LA MOLLERA?

ANDA, TOMA.

Entre risas, la escena revela la visión que la gente tenía de la Alejandría de su época: la ciudad de los placeres y los libros, la capital del sexo y la palabra.

Dos siglos después, Alejandría fue el escenario de uno de los grandes mitos eróticos de todos los tiempos: la historia de amor de Cleopatra y Marco Antonio.

Al desembarcar en Alejandría, Marco Antonio encontró una ciudad embriagadora que irradiaba grandeza.

¡POR JÚPITER!

El poderoso general y la última reina de Egipto construyeron una alianza política y sexual que escandalizó a toda Roma.

MI NOMBRE ES CLEOPATRA, REINA DE EGIPTO. COMO LA CIUDAD DE ALEJANDRÍA, SOY CULTA, INTELIGENTE Y MUY SENSUAL.

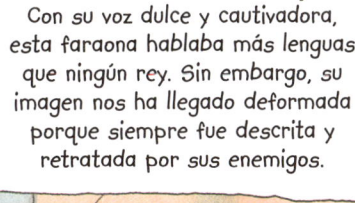

Con su voz dulce y cautivadora, esta faraona hablaba más lenguas que ningún rey. Sin embargo, su imagen nos ha llegado deformada porque siempre fue descrita y retratada por sus enemigos.

Los libros también juegan un papel importante en esta historia tempestuosa. Marco Antonio, sabiendo que ni el oro ni las joyas deslumbrarían a su amante, eligió un regalo que fascinaría a Cleopatra: doscientos mil volúmenes para la Gran Biblioteca.

En Alejandría, los libros eran combustible para las pasiones.

Dos escritores contemporáneos se han convertido en nuestros guías por los entresijos de la mítica ciudad. Constantino Cavafis, un oscuro funcionario de origen griego que trabajó, sin ascender nunca, para la Administración británica en Egipto.

¿OSCURO YO?

Por las noches se sumergía en un mundo cosmopolita de placeres y mala vida. Los burdeles alejandrinos eran el único refugio para su homosexualidad «prohibida y severamente despreciada por todos», como él mismo relató. Cavafis leía los clásicos y escribía poesía casi en secreto.

Cavafis sentía latir la ciudad ausente bajo la ciudad real. La Gran Biblioteca había desaparecido pero sus ecos y susurros vibraban aún.

Aquella comunidad de fantasmas volvía habitables las frías calles por donde rondan, solitarios y atormentados, los vivos.

Lawrence Durrell, un inglés asfixiado por el puritanismo y el clima de su país que, con *El cuarteto de Alejandría*, amplió la resonancia erótica y literaria del mito alejandrino.

SOY FAN DE CAVAFIS.

Durrell conoció la ciudad en los años turbulentos de la Segunda Guerra Mundial, cuando Egipto estaba ocupado por tropas británicas y era un nido de espionaje, conspiraciones y placeres.

La guerra arrasó la ciudad...

16

ALEJANDRO: EL MUNDO NUNCA ES SUFICIENTE

Alejandro Magno dejó a su paso un reguero de ciudades con su nombre, desde Turquía hasta el río Indo. Setenta ciudades con las que pretendía señalar su ruta, como los niños que graban sus iniciales en árboles, paredes y puertas de baños públicos.

UN DÍA EL MUNDO SERÁ MÍO...

Sentía pasión por Aquiles. Lo admiraba como muchos admiran hoy a los ídolos deportivos. Cuentan que Alejandro dormía siempre con su ejemplar de la *Ilíada* y una daga debajo de la almohada.

En sueños, Alejandro escuchó a un anciano recitar unos versos de la *Odisea* que mencionan la isla de Faro. Era un presagio: allí fundaría la ciudad.

Durante la conquista, ciudades como Tiro y Gaza ofrecieron feroz resistencia. Alejandro Magno las castigó brutalmente. Crucificó a los últimos supervivientes a lo largo de la costa, vendió a mujeres y niños como esclavos, y ordenó atar a un carro al gobernador y arrastrarlo hasta morir, como el cuerpo de Héctor en la *Ilíada*.

En otras ocasiones, le parecía más «heroico» ser generoso con los vencidos. Tras la captura de la familia del rey persa Darío, les permitió seguir viviendo en sus aposentos, y enterrar a sus muertos.

A los veinticinco años ya había derrotado al mayor ejército de su época y se había apoderado de los tesoros del Imperio persa.

Se adentró en regiones que ningún griego había pisado antes.

Todavía no había cumplido treinta años y ya temía que el mundo no fuera lo suficientemente grande para él...

¿Qué haría si un día ya no quedaban más territorios por conquistar?

Su maestro Aristóteles le había enseñado que la Tierra se acababa tras las montañas del Hindu Kush, y Alejandro quería alcanzar el último confín. El borde del mundo le atraía como un imán.

¿Encontraría al final un abismo, una niebla espesa y un fundido en blanco?

Pero los hombres de Alejandro, enfermos y malhumorados bajo las lluvias monzónicas, se negaron a seguir adentrándose en la India. El mundo parecía no terminar nunca.

HEMOS RECORRIDO MILES DE KILÓMETROS, MASACRADO MÁS DE SETECIENTAS MIL VIDAS. HEMOS ENTERRADO A NUESTROS MEJORES AMIGOS. HEMOS SOPORTADO HAMBRUNAS, FRÍOS GLACIARES, SED Y TRAVESÍAS POR EL DESIERTO.

MUCHOS HAN MUERTO COMO PERROS EN LAS CUNETAS O HAN QUEDADO MUTILADOS. LOS POCOS SUPERVIVIENTES YA NO SON TAN FUERTES COMO ANTES. LOS CABALLOS COJEAN Y LOS CARROS SE ATASCAN EN CAMINOS EMBARRADOS POR EL MONZÓN.

QUEREMOS VOLVER A CASA, ABRAZAR A NUESTRAS MUJERES Y A NUESTROS HIJOS QUE APENAS NOS RECUERDAN. AÑORAMOS LA TIERRA DONDE NACIMOS... SI DECIDES CONTINUAR TU EXPEDICIÓN, NO CUENTES CON NOSOTROS.

Como Aquiles al comienzo de la *Ilíada*, Alejandro se retiró enfurecido a su tienda de campaña. Empezó una lucha psicológica.

Los soldados abuchearon a su rey. No estaban dispuestos a dejarse humillar tras haber regalado los mejores años de su vida.

Dos días más tarde, el formidable ejército dio media vuelta, rumbo a su patria.

Alejandro, después de todo, perdió una batalla.

En la segunda parte de *El señor de los anillos*, de J.R.R. Tolkien, los hobbits Frodo y Sam llegan al siniestro paraje de Mordor. Para sobreponerse al miedo, charlan sobre su inesperada vida de aventuras.

ME PREGUNTO SI ALGÚN DÍA APARECEREMOS EN CANCIONES Y LEYENDAS.

QUIERO DECIR, SI CONTARÁN NUESTRA HISTORIA JUNTO AL FUEGO O LA LEERÁN EN UN LIBRACO MUCHOS, MUCHOS AÑOS DESPUÉS. Y SI LA GENTE DIRÁ: SÍ, ES UNA DE MIS HISTORIAS FAVORITAS.

Alejandro también soñaba con convertirse en leyenda, y lo consiguió...

Es un mito en Oriente y Occidente, el Corán y la Biblia se hacen eco de sus aventuras. Sin embargo, su leyenda está teñida de claroscuros, despierta tanto rechazo como fascinación.

Ahora hay autores que tumban a Alejandro en el diván y le diagnostican megalomanía. Algunos lo han comparado con Adolf Hitler. El debate está servido.

Me fascina que siga vivo en nuestra cultura y resuene aún la música de su nombre.

Caetano Veloso le dedica «Alexandre» en su disco *Livro*.

Uno de los temas más legendarios de Iron Maiden es «Alexander the Great». El fervor por esta pieza es casi sagrado, y la banda nunca la interpreta en directo. Los fans creen que solo sonará en su último concierto.

Miles de niños se llaman Alejandro o Sikander. Cada año se imprime su efigie en millones de productos que Alejandro Magno no sabría usar.

Si me preguntaran por mi historia favorita, no elegiría sus batallas, sino la aventura de la Biblioteca de Alejandría.

## EL AMIGO MACEDONIO

Ptolomeo era compañero de aventuras y amigo íntimo de Alejandro. No conocía Egipto, nunca imaginó que llegaría a ser faraón del rico país del Nilo.

Alejandro aspiraba a crear un imperio mestizo que uniera a vencedores y vencidos. Celebró una fiesta sorpresa en la que él y sus oficiales se casarían con mujeres de los pueblos conquistados.

¡PUES MENUDA FIESTA! ¿NO ERA SUFICIENTE CON TOMARNOS UNOS VINOS?

Pero sus hombres no quieren confraternizar y menos emparentarse con los persas, a los que acaban de masacrar en el campo de batalla. Las tensiones y las intrigas aumentan en el nuevo imperio...

Alejandro no verá su sueño cumplido. Muere en Babilonia el verano siguiente, abrasado por la fiebre. Tiene casi treinta y tres años.

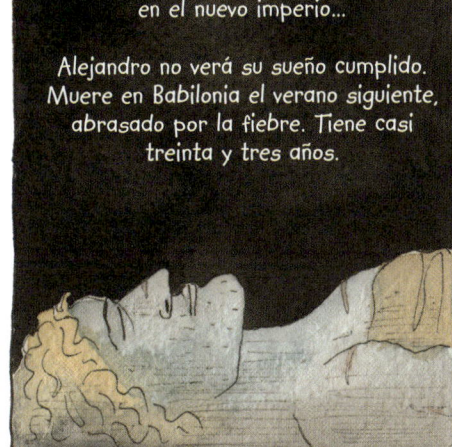

En la película *Alejandro Magno*, dirigida por Oliver Stone, un anciano Ptolomeo, con rasgos de Anthony Hopkins, confiesa un secreto que lo ha atormentado durante años. Él, junto con otros oficiales, envenenó al gran Alejandro.

Pero ¿es posible que esto sucediera? ¿O se trata de otro guiño de Oliver Stone a las teorías conspiratorias, como en su película *JFK*?

Seguramente los oficiales macedonios estaban resentidos. Muchos soldados eran ahora iranios e indios, y Alejandro permitía que los bárbaros ingresaran en los regimientos de élite.

Pero ¿era un motivo suficiente para traicionar así a un amigo y correr el enorme peligro de eliminar al rey?

En su época, la impactante versión del envenenamiento se propagó a toda velocidad. Los historiadores por ahora no han conseguido resolver el enigma, y la figura de Ptolomeo sigue atrapada en un territorio de penumbra.

ME LLEVO EL SECRETO A LA TUMBA.

Tras la muerte de Alejandro, empezó la cosecha de sangre. Una de sus esposas, Roxana, asesinó a las otras dos viudas. Los generales macedonios se declararon la guerra entre ellos. En una brutal cacería, van matando a todos los miembros de la familia real mientras el imperio se desintegra.

Uno de los oficiales de Alejandro vendió los territorios conquistados en la India a un caudillo a cambio de quinientos elefantes de guerra.

Tras años de combates, venganzas y muchas vidas segadas, solo quedaron tres señores de la guerra.

Seleúco, Asia

Antígono, Macedonia

Ptolomeo, Egipto

Ptolomeo fue el único que no tuvo una muerte violenta. Se instaló en Egipto, donde pasó el resto de su vida peleando por conservar el trono.

En los momentos de respiro que le dejaban las guerras civiles entre macedonios, intentaba conocer el inmenso y asombroso país que gobernaba.

El nuevo faraón no entendía la lengua egipcia, era torpe en las ceremonias y sospechaba que los cortesanos se reían de él. Pero Alejandro le había enseñado a ser atrevido. Si no entiendes los símbolos, invéntate otros. Trasladó la capital a Alejandría, la única ciudad sin pasado, y la convirtió en la perla del Mediterráneo.

Una de las jugadas más brillantes de Ptolomeo fue apoderarse del cadáver del joven Alejandro. Secuestró el féretro, lo trasladó a Alejandría, y lo expuso en un mausoleo abierto al público. El monumento se convirtió en una gran atracción para el turismo necrófilo.

Siglos después, Augusto, el primer emperador romano, dejó una guirnalda sobre el sarcófago y pidió tocar el cuerpo.

Según las malas lenguas, al darle un beso le rompió la nariz. Besar a una momia entraña ciertos riesgos...

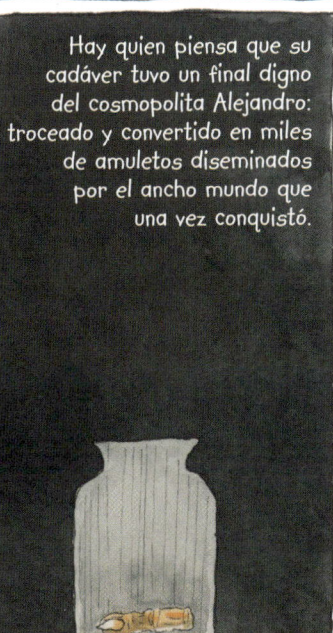

Hay quien piensa que su cadáver tuvo un final digno del cosmopolita Alejandro: troceado y convertido en miles de amuletos diseminados por el ancho mundo que una vez conquistó.

OJALÁ VUELVA A ASOMAR LA NARIZ POR MACEDONIA. NO HAY NADA COMO EL OLOR DEL HOGAR...

Tras visitar el cadáver de Alejandro, Augusto no se interesó por el sepulcro de los Ptolomeos.

HE VENIDO A VER AL REY, NO A UNOS SIMPLES MUERTOS.

A los sucesores de Alejandro les faltaba carisma. Por eso imitaban sus gestos y se disfrazaban, como hoy los fans de Elvis.

# EQUILIBRIO AL FILO DEL ABISMO

Me atrevo a imaginar que la idea de crear una biblioteca universal nació en la mente de Alejandro. El plan tiene las dimensiones de su ambición. Reunir todos los libros existentes es otra forma —simbólica, mental, pacífica— de poseer el mundo.

La pasión del coleccionista de libros se parece a la del viajero. Toda biblioteca es un viaje, todo libro es un pasaporte sin caducidad.

En su extraordinario ensayo *Desembalo mi biblioteca*, el filósofo Walter Benjamin concluye:

RENOVAR EL VIEJO MUNDO: ESTE ES EL DESEO MÁS PROFUNDO QUE IMPULSA AL COLECCIONISTA A ADQUIRIR NUEVAS COSAS.

También la Biblioteca de Alejandría nació como el punto de partida de las rutas del futuro.

La Biblioteca puso en marcha un proyecto de traducción global: «De cada pueblo se reclutaron sabios que, además de dominar la propia lengua, conocían a la maravilla el griego». A ellos les confiaron libros judíos, iranios, indios y egipcios. Nunca se había emprendido una labor de traducción tan ambiciosa.

También Borges estaba hechizado por la idea de abrazar la totalidad de los libros. Su relato «La biblioteca de Babel» nos adentra en un laberinto prodigioso que alberga todos los sueños y las palabras.

El universo, que otros llaman la biblioteca, dice Borges, es una monstruosa colmena. Sus libros contienen todo lo que se puede imaginar en todos los idiomas, recordados u olvidados.
Por eso, sus habitantes tienen remotísimas posibilidades de localizar el libro que desean en la inmensidad de los túneles. Y esa es la gran paradoja: nadie lee. Entre la búsqueda agotadora y la sobreabundancia se extingue el placer de la lectura.

Borges presagia el mundo actual. Lo que hoy denominamos web, con sus rutas aéreas para las palabras, es una réplica del funcionamiento de las bibliotecas. Imagino la conmoción de un viajero al entrar en la biblioteca de Alejandría, similar a la mía cuando navegué por primera vez en internet: el vértigo de los espacios innumerables. Ambos sentimos lo mismo. Ningún lugar había reunido jamás tanto conocimiento, tantos relatos con los que experimentar el miedo y el deleite de vivir.

Volvamos unos milenios atrás. La Biblioteca todavía no existe, y las aspiraciones de Ptolomeo de convertir Alejandría en una gran capital se dan de bruces con la realidad. La ciudad en construcción no es más que un lugar cochambroso habitado por buscavidas, soldados y marineros, aventureros y estafadores que persiguen empezar de nuevo en una tierra virgen.

Para edificar su sueño, Ptolomeo invirtió mucho dinero. Egipto era sinónimo de riqueza. Además del comercio de cereales —el petróleo de aquella época—, exportaba el material de escritura más utilizado en la Antigüedad: el papiro. Como el coltán de nuestros teléfonos, se convirtió en un bien estratégico.

El junco de papiro hunde sus raíces en las aguas del Nilo. Durante siglos, los hebreos y los griegos, y luego los romanos, escribieron su literatura en rollos de papiro. A medida que las sociedades mediterráneas crecían y se alfabetizaban, exigían cada vez más material y los precios subían al calor de la demanda.

Imaginemos una mañana de trabajo en los talleres faraónicos.

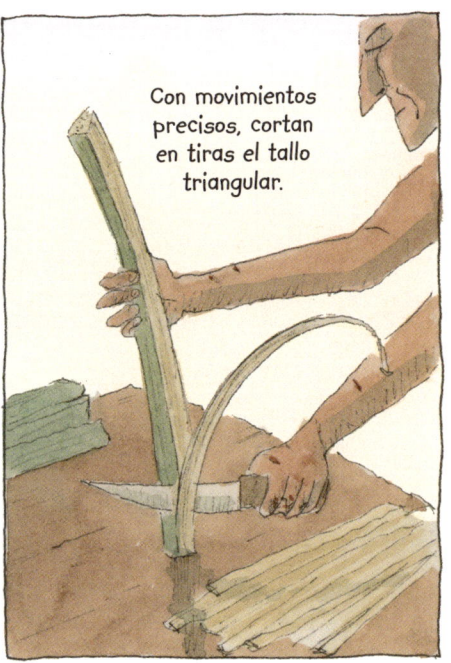

Con movimientos precisos, cortan en tiras el tallo triangular.

Superponen una capa de tiras horizontales sobre otra de fibras verticales.

Después las golpean de forma que la savia segregada actúe como pegamento natural.

Por último, encolan las láminas de papiro, una a continuación de la otra, con una pasta de harina y agua, hasta formar una tira larga que guardan enrollada. Este es el aspecto de los libros que empiezan a llegar a la naciente Biblioteca de Alejandría.

El rey Ptolomeo hubiera querido a Aristóteles para maestro de sus hijos, pero ya había muerto. Así que contrató a Demetrio de Falero, uno de sus discípulos, para organizar la Gran Biblioteca.

Su referente era la colección del mismísimo Aristóteles en Atenas, la primera que seguía un sistema de clasificación racional. El filósofo estructuró el mundo y su biblioteca en diferentes disciplinas de conocimiento: física, biología, astronomía, lógica, ética, estética, retórica, política y metafísica.

Los rollos que llegaban iban a parar a unos almacenes donde hacían inventario. Aquellos libros eran cilindros de papiro sin cubierta ni lomo, un incordio para identificar el contenido. Pero encontraron una solución imperfecta a ese desafío.

Antes de apilar los libros en los anaqueles, colocaban un pequeño letrero –muy propenso a caerse– con el nombre del autor y la obra.

Cuentan que, durante una visita del rey a la Biblioteca, Demetrio propuso incorporar a la colección los libros de la ley judía.

NECESITAMOS TRADUCIRLOS, ESTÁN ESCRITOS EN HEBREO.

Así que escribieron a Eleazar, sumo sacerdote de Jerusalén, para que enviara a eruditos capaces de traducir esas obras al griego.

¡YO OS LO SOLUCIONO!

Tras un mes de viaje, llegaron a Alejandría 72 sabios hebreos, y los alojaron en la isla de Faro. Cada uno haría por separado una traducción de la Torá. Cuenta la leyenda que acabaron su labor en 72 días y, al terminar, todos habían escrito –palabra por palabra– la misma versión. Así nació la «Biblia de los Setenta».

Los reyes macedonios necesitaban comprender a sus súbditos para gobernarlos y por eso invertían dinero en traducir sus libros. La Biblioteca de Alejandría era el emblema de una sociedad que exploraba una temprana «globalización».

El paisaje, de Europa a la India, estaba salpicado de ciudades con rasgos comunes. Eran los distintivos del imperialismo helenístico, como lo son hoy de la globalización capitalista la Coca-Cola, los McDonald's, Apple, o los centros comerciales que uniformizan el mundo.

Muchos griegos que durante siglos habían vivido en pequeñas ciudades de pronto formaban parte de extensos reinos.

*ME SIENTO SOLO, PERDIDO EN LOS CONFINES DE UN IMPERIO INMENSO.*

Los antiguos ideales entraron en crisis. El pasado era parodiado: un poeta anónimo satirizó las viejas leyendas con humor.

La *Batracomiomaquia* narraba la batalla entre las tropas de Hinchamejillas, rey de las ranas, y las de Robamigas, príncipe de los ratones.

La fe en los dioses y en los mitos se extinguía dejando paso a una mezcla de añoranza, irreverencia y desconcierto.

Hoy descubrimos la misma tensión en el wéstern *Sin perdón*, de Clint Eastwood, frente a la sonrisa iconoclasta de Tarantino...

... dinamitando el género en *Django Desencadenado*. El chiste y la melancolía convivían en una amalgama muy reconocible en nuestros días.

La nostalgia se agazapa en los mismos cimientos de Alejandría.

El rey Ptolomeo añoraba la grandeza de la antigua Atenas. Los macedonios oían hablar del esplendor de esa ciudad idealizada, intentaban imitar sus refinamientos, y perder la fama humillante de ser menos griegos que los demás.

En *El jardín de los Finzi-Contini*, la novela de Giorgio Bassani, la gran mansión y el jardín de los judíos adinerados de Ferrara representa ese lugar exclusivo en el que quieres ser admitido pero donde no encajas.

Para Ptolomeo, ese jardín era Atenas. Con el anhelo por la ciudad inalcanzable fundó el Museo de Alejandría.

El Museo de Ptolomeo es el antepasado de nuestros centros de investigación, universidades y laboratorios de ideas. Se invitaba al Museo a los mejores escritores, científicos y filósofos de la época, donde dedicaban todas sus energías a pensar y crear.

En Alejandría surgieron teorías revolucionarias como la idea de que la Tierra orbita alrededor del Sol y se hicieron grandes descubrimientos como la máquina de vapor usada para los primeros autómatas. Allí nació la robótica.

En ocasiones, Ptolomeo se unía al banquete para escuchar sus conversaciones, sus duelos de ingenio y sus vanidades.

Aquellos sabios se peleaban por celos y rivalidades. Nada que no suceda hoy en nuestros departamentos escolares y universitarios, con sus pequeñas e interminables contiendas.

El faro de Alejandría fue, durante siglos, una de las construcciones más altas del mundo. Un edificio icónico, emblema de la vanidad real, símbolo de una época dorada de la ciencia.

«Faro» era la isla del delta del Nilo con la que soñó Alejandro y donde decidió fundar la ciudad de Alejandría. Con el paso del tiempo, el edificio se ha apropiado del nombre geográfico y la palabra griega pervive en muchas de nuestras lenguas.

Fue la última y la más moderna de las siete maravillas de la Antigüedad. Simboliza las aspiraciones de Alejandría: la ciudad-faro. Y aunque sucesivos terremotos lo destruyeron, su huella permanece en los faros de nuestras costas hasta hoy.

El manejo de un rollo no se parece al de un libro con páginas. La cerámica y las esculturas representan a hombres y mujeres absortos en la lectura. Leen de pie o sentados con el libro en el regazo. Su gesto recuerda al nuestro: la espalda se comba ligeramente, el lector se ausenta de su mundo y emprende un viaje.

La Biblioteca de Alejandría acogió a muchos de aquellos viajeros inmóviles, pero ¿dónde estaba? Solo tenemos vagas descripciones. Quizá no era un edifico independiente, sino hileras de nichos abiertos en los muros de la gran galería del Museo, dentro del enorme palacio real.

Allí, apilados, los rollos estarían al alcance de los lectores del Museo. Ávidos de curiosidad, escogerían un libro, leerían paseando ante la mirada ciega de las estatuas, buscarían asiento, y así transitarían por los caminos de la invención y las rutas de la memoria.

Ahora, algunos de los edificios más fascinantes de la arquitectura contemporánea son bibliotecas. Wim Wenders filmó una escena de *El cielo sobre Berlín* en la Staatsbibliothek, diseñada por Scharoun y Wisniewski.

Un grupo de ángeles entra en la biblioteca. Invisibles para los humanos, se sientan a su lado, les acarician el hombro. Intrigados, se asoman a sus lecturas.

Observan con asombro las miradas sumergidas en las páginas. Quieren entender qué sienten los vivos, por qué los libros atrapan su atención con tal intensidad. Los ángeles poseen el don de escuchar los pensamientos. Aunque nadie habla, captan un murmullo constante de palabras.

Son las sílabas silenciosas de la lectura. Leer construye una comunicación íntima, una soledad sonora casi milagrosa para los ángeles.

Dentro de las cabezas de la gente, las frases leídas resuenan como un canto a capela, como una plegaria.

Hablemos por un momento de ti, que lees estas líneas. Con el libro abierto entre las manos, te dedicas a una actividad misteriosa e inquietante. Lo has hecho tantas veces que ya ni siquiera te sorprende. Piénsalo bien. Estás en silencio, recorriendo con la vista hileras de letras que tienen sentido para ti y te comunican ideas independientes del mundo que te rodea ahora mismo.

Te has retirado, por decirlo así, a una habitación interior donde te hablan personas ausentes, es decir, fantasmas visibles solo para ti (en este caso, mi yo espectral) y donde el tiempo pasa al compás de tu interés o tu aburrimiento. Has creado una realidad paralela.

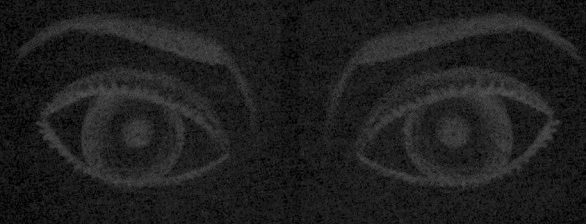

Eres un tipo muy especial de lector. Este diálogo silencioso entre tú y yo, libre y secreto, es una asombrosa invención. Tú puedes, en cualquier momento, apartar los ojos de estos párrafos y regresar al mundo exterior. Pero mientras tanto permaneces al margen, en otro universo, donde has elegido estar.

Hay un aura casi mágica en todo esto.

No creas que siempre ha sido así. En los primeros milenios de la escritura, lo habitual era leer en voz alta para uno mismo o para otros. Los libros eran melodías que saltaban a los labios como música.

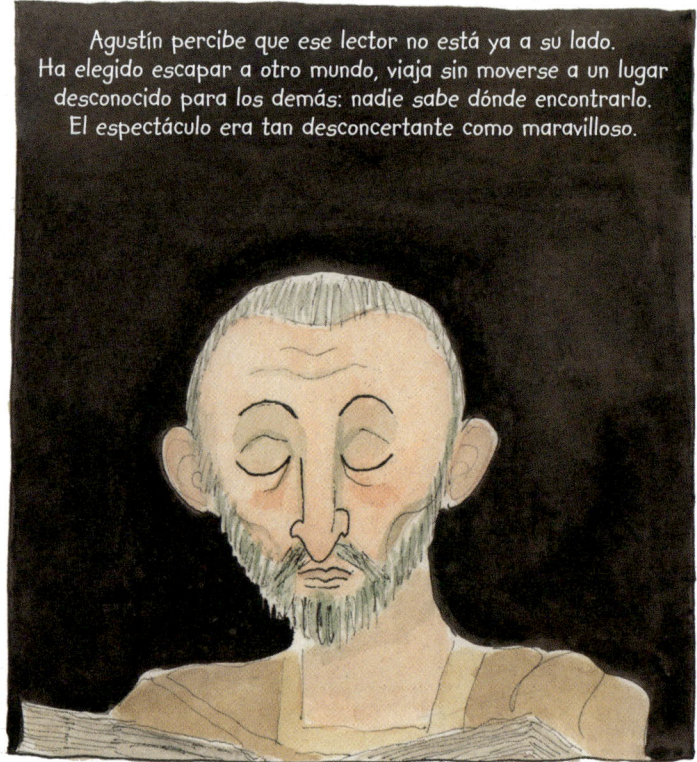

> LAS BIBLIOTECAS ANTIGUAS NO ERAN SILENCIOSAS, SINO UN MURMULLO INVADIDO POR LAS VOCES Y LOS ECOS DE LAS PÁGINAS. SOLO SIGLOS MÁS TARDE, LOS LIBROS FUERON CANCIONES QUE APRENDIMOS A CANTAR CON LA MENTE.

En el siglo IV, Agustín observó al obispo Ambrosio de Milán leer en silencio. Fascinado, lo anotó en sus *Confesiones*. Nunca había visto a nadie hacer algo así.

> SUS OJOS TRANSITAN POR LAS PÁGINAS Y SU MENTE ENTIENDE, PERO SU LENGUA CALLA.

Agustín percibe que ese lector no está ya a su lado. Ha elegido escapar a otro mundo, viaja sin moverse a un lugar desconocido para los demás: nadie sabe dónde encontrarlo. El espectáculo era tan desconcertante como maravilloso.

La dinastía de los Ptolomeos se prolongó durante diez generaciones. Quizás por eso tenemos el espejismo de un soberano vampírico que vivió tres siglos mientras el mundo helenístico se desmoronaba.

Ptolomeo III fue el primero en democratizar los libros. Fundó en el templo de Serapis la primera biblioteca pública abierta a ricos y pobres, a libres y esclavos. La llamaron el Serapeo.

Alguien dijo que los libros del Serapeo «ponían a toda la ciudad en condiciones de filosofar».

La Gran Biblioteca quedó reservada a los estudiosos, y la biblioteca filial, fuera del recinto de palacio, daba la bienvenida a todos.

El sueño de albergar todos los saberes conocidos y ponerlos al alcance de cualquier persona curiosa continuó latiendo en todas las bibliotecas públicas, universitarias y escolares de la historia. Allí donde una biblioteca abre sus puertas, la leyenda del Serapeo sigue viva.

# UNA HISTORIA DE FUEGO Y PASADIZOS

Viví una de las etapas más extrañas de mi vida en una ciudad habitada por millones de libros.

Recuerdo mi primera mañana en Oxford. Al entrar en la Biblioteca Bodleiana, fui interceptada en el vestíbulo y un empleado me condujo a su despacho.

Se hizo un largo silencio mientras introducía mis datos y, de pronto, en una sorprendente pirueta en el tiempo...

... se instaló en el pasado medieval y anunció el ritual del juramento. Me mostró una baraja de tarjetas que recogían las palabras que debía pronunciar.

¡FLOP!

No robaré, dañaré ni desfiguraré ningún libro. No prenderé fuego a la biblioteca ni ayudaré a provocar un incendio para contemplar con placer diabólico cómo las llamas rugientes engullen sus tesoros hasta reducirlos a cenizas.

Me acordé de aquellas bibliotecas medievales con libros encadenados para evitar robos. Pensé en las maldiciones lanzadas a lo largo de la historia contra los ladrones.

Como en el monasterio de Sant Pere de les Puel·les en Barcelona.

«PARA AQUEL QUE ROBA, O PIDE PRESTADO UN LIBRO Y A SU DUEÑO NO LO DEVUELVE, QUE SE LE MUDE EN SIERPE EN LA MANO Y LO DESGARRE. QUE QUEDE PARALIZADO Y CONDENADOS TODOS SUS MIEMBROS. QUE DESFALLEZCA DE DOLOR, SUPLICANDO A GRITOS MISERICORDIA, Y QUE NADA ALIVIE SUS SUFRIMIENTOS HASTA QUE PEREZCA. QUE LOS GUSANOS DE LOS LIBROS LE ROAN LAS ENTRAÑAS COMO LO HACE EL REMORDIMIENTO QUE NUNCA CESA. Y QUE CUANDO, FINALMENTE, DESCIENDA AL CASTIGO ETERNO, QUE LAS LLAMAS DEL INFIERNO LO CONSUMAN PARA SIEMPRE».

Al averiguar que Lewis Carroll estudió y dio clases durante años en Oxford, comprendí que *Alicia en el país de las maravillas* es pura literatura realista.

Oxford, instrucciones de uso.

Lugares tentadores que podía entrever por el hueco de la cerradura y me estaban vetados, conversaciones de una lógica escurridiza, personajes anacrónicos absortos en ceremoniales imprevisibles.

Pregunté a una de las vigilantes del museo Ashmolean por los entresijos secretos de las bibliotecas, y así escuché historias fascinantes.

Indagué acerca del sorprendente ritual para solicitar libros: los bibliotecarios toman nota y te citan para uno o dos días después.

¿DÓNDE ESTÁN LOS LIBROS?

La biblioteca recibe a diario mil nuevas publicaciones. A la mañana siguiente, otras mil esperan su lugar. Cada año necesitan tres kilómetros de estanterías nuevas.

Y entonces me hablaron de las dos ciudades superpuestas...

A principios del siglo XX, se empezaron a construir almacenes subterráneos y una red de túneles provistos con cintas transportadoras por debajo de la ciudad. Cuando paseaba sola, creía escuchar el eco de las cintas que movían los libros bajo mis pasos. Los imaginaba en cuevas húmedas y secretas, como las criaturas de Fraggle Rock de mi infancia.

Una mañana lluviosa, mi amiga la vigilante me explicó que el Museo Ashmolean había sido el primer museo público del mundo.

En 1677, Elias Ashmole regaló su gabinete de curiosidades a la ciudad de Oxford. Ya no sería una colección privada, sino abierta a todos los curiosos.

En honor a los griegos, llamaron «museo» a esta novedad. En realidad, frente al modelo alejandrino de comunidad de sabios, inauguraron el museo como lugar de exhibición. Creyendo restaurar el pasado, habían creado algo distinto.

En 1759 se inauguró el Museo Británico de Londres. En la Francia de 1793, la Asamblea Nacional confiscó a la monarquía el Palacio del Louvre con todas sus obras de arte y lo convirtió en un museo para el pueblo. La Revolución francesa expropió la historia a los aristócratas.

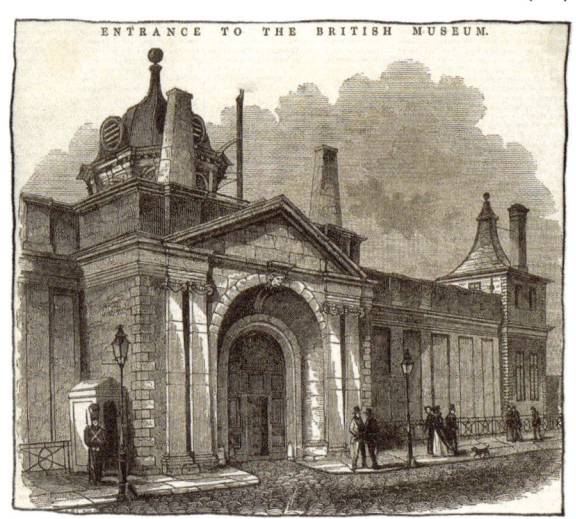

En 1870 nació el Metropolitan de Nueva York. Décadas más tarde, se fundó el primer museo privado de arte moderno, el MoMA. Después, la acaudalada familia de Solomon Guggenheim continuaría esa estela.

¡HOLA, SOY SOLOMON!

La herencia de Alejandría ha cambiado el mundo: que todos podamos amar el pasado es un hecho profundamente revolucionario.

Las *bibliotecas* más antiguas también lanzaron maldiciones contra ladrones y destructores de textos.

«A QUIEN ROMPA ESTA TABLILLA O LA BORRE, QUE LOS DIOSES Y DIOSAS DEL CIELO Y DE LA TIERRA LO CASTIGUEN CON UNA MALDICIÓN TERRIBLE Y SIN PIEDAD, MIENTRAS VIVA, PARA QUE SU NOMBRE Y SU SIMIENTE QUEDEN BORRADOS DE LA TIERRA Y SU CARNE SEA PASTO DE LOS PERROS».

Amenazas tan espeluznantes revelan el valor de esas colecciones a ojos de sus propietarios. Aquellos libros primitivos, tablillas de arcilla, solo se conseguían copiándolos o como botín de guerra. En Mesopotamia no había papiro, pero sí barro abundante. Por eso los sumerios empezaron a escribir sobre la tierra que sostenía sus pasos.

Las tablillas tenían forma rectangular y aplanada, parecidas a nuestras tabletas de siete pulgadas. Escribían con hendiduras de punzón y borraban las letras con agua. Sin embargo, el fuego de los incendios –verdugo de tantos libros–, al cocerlas, permitió que perduraran hasta hoy.

Las primeras bibliotecas del mundo fueron lugares humildes.

CONTRATO MATRIMONIAL
ALBARÁN
ACUERDO DE DIVORCIO
HECHIZO CONTRA LA IMPOTENCIA
INVENTARIO

En la Biblioteca de Hattusa han aparecido tablillas con catálogos de colecciones. Hace más de tres mil años, las bibliotecas empezaban a crecer.

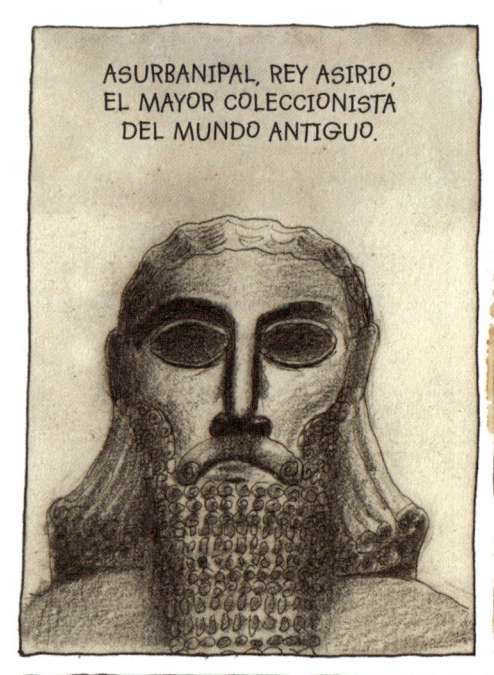

ASURBANIPAL, REY ASIRIO, EL MAYOR COLECCIONISTA DEL MUNDO ANTIGUO.

Las bibliotecas del Próximo Oriente nunca fueron públicas, pertenecían a los reyes o a las élites sacerdotales. Con el tiempo, todas ellas fueron destruidas. Las palabras de aquellos imperios permanecieron enterradas bajo la arena de los desiertos y se hundieron en el silencio. Los restos descubiertos de su escritura resultaban indescifrables.

¡ESTAMOS AQUÍ!

Cuando los viajeros encontraron inscripciones cuneiformes en las ruinas de ciudades aqueménidas, las confundieron con simples adornos.

Los signos jeroglíficos egipcios también quedaron olvidados durante más de un milenio. Solo los escribas, una reducida casta, sabían leer y escribir.

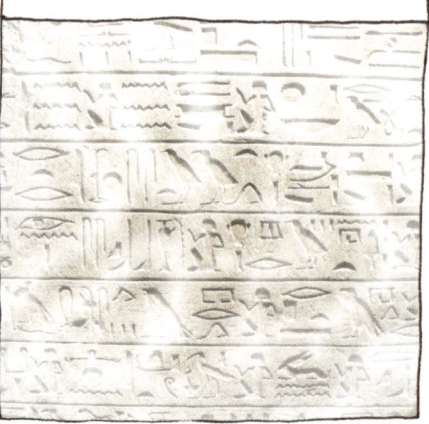

Un antiguo texto egipcio nos cuenta cómo un señor adinerado riñe a su hijo por hacer el vago en la escuela de escribas, que cuesta un ojo de la cara.

¡APLÍCATE CON LOS LIBROS!

EL BARBERO ESTÁ AFEITANDO HASTA EL FINAL DE LA TARDE Y TIENE QUE BUSCAR CLIENTELA POR LAS CALLES. EL CORTADOR DE CAÑAS HA DE VIAJAR AL DELTA, LOS MOSQUITOS LO DESTROZAN. MIRA, NO HAY PROFESIÓN QUE ESTÉ LIBRE DE DIRECTOR, EXCEPTO LA DE ESCRIBA. ÉL ES EL JEFE.

SI CONOCES LA ESCRITURA, TE IRÁ MEJOR. ÚNETE A GENTES DISTINGUIDAS.

Con el edicto de Teodosio I, en el año 380, el cristianismo se convirtió en religión de Estado. Se prohibieron todos los cultos paganos en el Imperio romano, pero en el templo de Isis de la isla de Filas se refugió un grupo de sacerdotes.

Uno de ellos, Nesmet-Ajom, grabó en los muros del templo la última inscripción jeroglífica antigua. Acababa con las palabras «para siempre eternamente».

Años después, el emperador Justiniano asaltó el templo donde resistían los sacerdotes de Isis, y tomó a los rebeldes como prisioneros.

Egipto enterró a sus viejos dioses y con ellos sus objetos de culto y su lengua. Han sido necesarios catorce siglos para redescubrir las claves de su escritura.

A principios del siglo XIX comenzó una carrera apasionante por descifrar aquellos jeroglíficos. Napoleón llevó sus tropas a calcinarse en el desierto de Egipto con la noble intención de molestar a sus enemigos británicos... Aunque la expedición fue un fiasco, los europeos se enamoraron de las antigüedades faraónicas.

NADIE LO SABE, PERO SOY LA REENCARNACIÓN DE ALEJANDRO.

En las cercanías de Al-Rashid, que los franceses llamaban Rosetta, un soldado encontró una losa con inscripciones extrañas. No sabía que acababa de realizar un hallazgo extraordinario.

Milenios atrás, el rey Ptolomeo V había ordenado grabar en la roca un decreto en jeroglífico, demótico (la última fase de la escritura egipcia) y griego. Cuando el almirante Nelson expulsó al ejército napoleónico de Egipto, se apoderó de la piedra de Rosetta con rechinar de dientes franceses, y la trasladó al Museo Británico, donde hoy es la pieza más visitada.

En el año 1802 empezó un duelo de inteligencias.

Descifrar una lengua desconocida es adentrarse en un caos de palabras. Un laberinto casi imposible sin una guía que permita comprender el sentido. En cambio, una traducción del texto misterioso en un idioma conocido ofrece un mapa. La versión en griego de la piedra de Rosetta fue la llave que abrió las puertas de la literatura perdida del antiguo Egipto.

En torno a los años veinte del pasado siglo, las piezas empezaron a encajar. Los nombres propios de los reyes macedonios dieron la clave.

Cleopatra

El británico Thomas Young consiguió descifrar el nombre del rey.

YO DIGO PTOLOMEO.

El francés Jean-François Champollion leyó el de la reina.

Y YO CLEOPATRA.

Durante años de trabajo obsesivo, Champollion elaboró un diccionario de jeroglíficos y una gramática del egipcio. Murió a los 41 años, con la salud destrozada por décadas de frío, pobreza y estudio.

Lingüistas, informáticos y antropólogos impulsaron el Proyecto Rosetta para proteger las lenguas humanas de la extinción. Diseñaron un disco de níquel donde grabaron a escala microscópica un texto en su traducción a mil idiomas. Aunque muriese la última persona capaz de recordar alguna de esas lenguas, las traducciones paralelas permitirían rescatar los significados y las sonoridades perdidas.

LA PIEL DE LOS LIBROS

En Europa se impusieron al papiro las tablillas de madera, metal o marfil, cubiertas con un baño de cera o resina. Se escribía con un instrumento afilado de hueso o hierro que tenía en el otro extremo una pequeña espátula para borrar los errores.

Los niños aprendían a escribir con estas tablillas, eran como nuestros cuadernos cuadriculados.

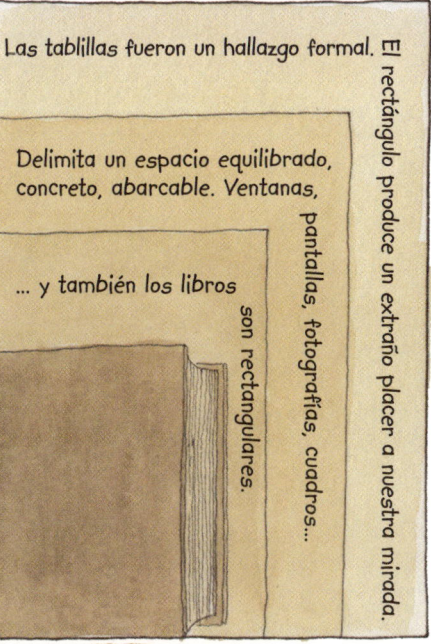

Las tablillas fueron un hallazgo formal. El rectángulo produce un extraño placer a nuestra mirada.

Delimita un espacio equilibrado, concreto, abarcable. Ventanas, pantallas, fotografías, cuadros...

... y también los libros son rectangulares.

El rollo de papiro fue crucial para la historia del libro, pero era un objeto delicado: la lectura lo consumía, el agua lo destruía, ardía fácilmente y despertaba la glotonería de los insectos.

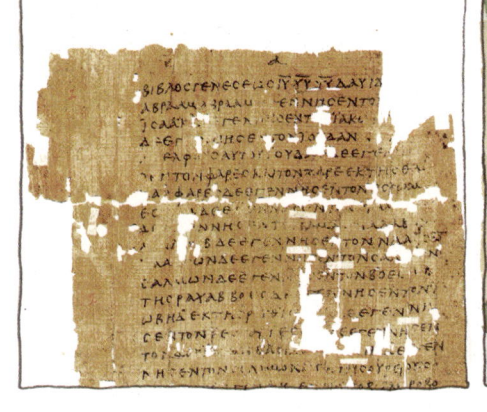

Los rollos de papiro solo se fabricaban en Egipto. Los faraones y reyes decidían el precio y aplicaban medidas de presión y sabotaje según su interés, como los países exportadores de petróleo de nuestros días.

A principios del siglo II a.C., el rey Ptolomeo quiso perjudicar a una biblioteca rival en la ciudad de Pérgamo, hoy Turquía. Corroído por la envidia, interrumpió el suministro de papiro al reino enemigo. Contra todo pronóstico, aquella decisión impulsó un hallazgo que se extendería por el mundo. La biblioteca de Pérgamo reaccionó al embargo perfeccionando una antigua técnica oriental: la escritura sobre cuero.
En recuerdo de la ciudad que lo universalizó, el nuevo invento se llamó «pergamino».

El pergamino se fabricaba con pieles de ternero, oveja, carnero o cabra. Para empezar, los artesanos las sumergían en un baño de cal durante varias semanas.

Después las secaban, estiraban, y raspaban hasta alcanzar el grosor deseado. El resultado de este laborioso proceso eran láminas utilizables por las dos caras, suaves, finas, y —esa es la clave— duraderas.

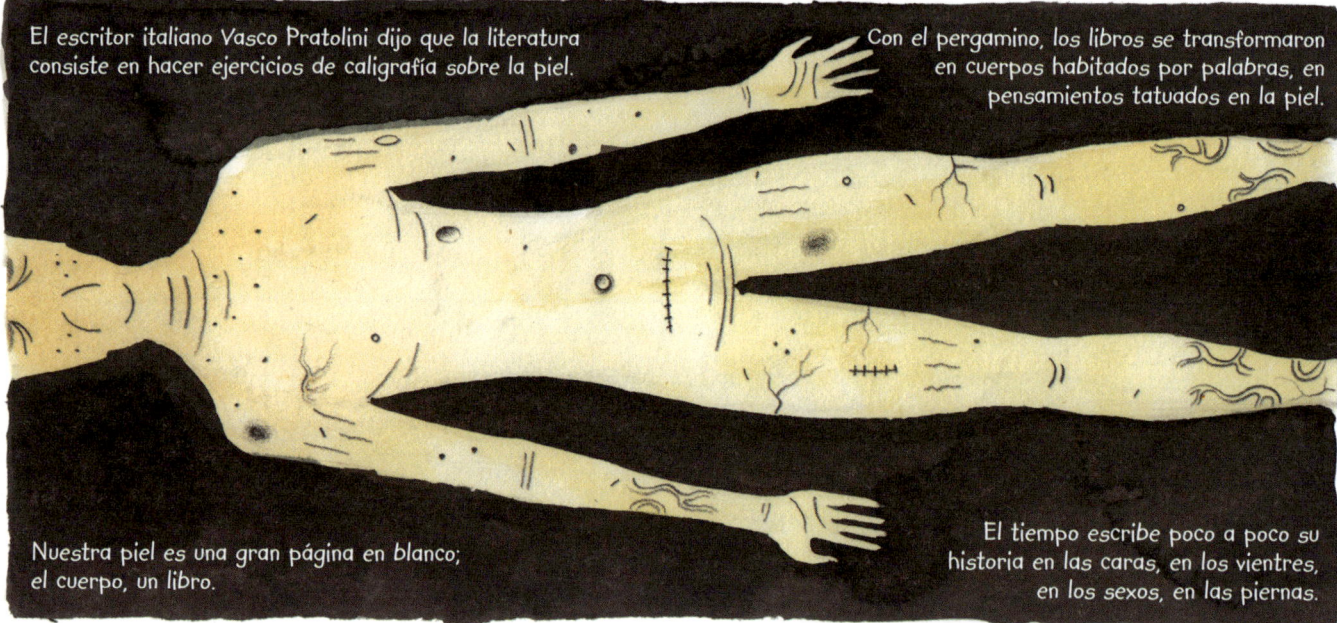

El escritor italiano Vasco Pratolini dijo que la literatura consiste en hacer ejercicios de caligrafía *sobre la piel*.

Con el pergamino, los libros se transformaron en cuerpos habitados por palabras, en pensamientos tatuados en la piel.

Nuestra piel es una gran página en blanco; el cuerpo, un libro.

El tiempo escribe poco a poco su historia en las caras, en los vientres, en los sexos, en las piernas.

Vuelvo a leer *Réquiem* de la maravillosa poeta Anna Ajmátova, donde describe las largas filas de mujeres ante la cárcel de Leningrado. La vida se ensañó con Anna. Fusilaron a su primer marido, el segundo murió de extenuación en un campo del Gulag, y su único hijo pasó diez años preso.

Un día, al contemplar en el espejo su aspecto demacrado y los surcos que el sufrimiento abría en su rostro, recordó las antiguas tablillas mesopotámicas, y escribió un verso triste e inolvidable.

«Ahora sé cómo traza el dolor rudas páginas cuneiformes en las mejillas».

Pero no solo el tiempo escribe sobre la piel. Mucha gente se hace tatuar frases y dibujos para adornarse como pergaminos iluminados. Tener esos textos grabados en el cuerpo los hace sentir únicos, especiales, hermosos y llenos de vida. Creo que el tatuaje es una supervivencia del pensamiento mágico, el rastro de una fe ancestral en el aura de las palabras.

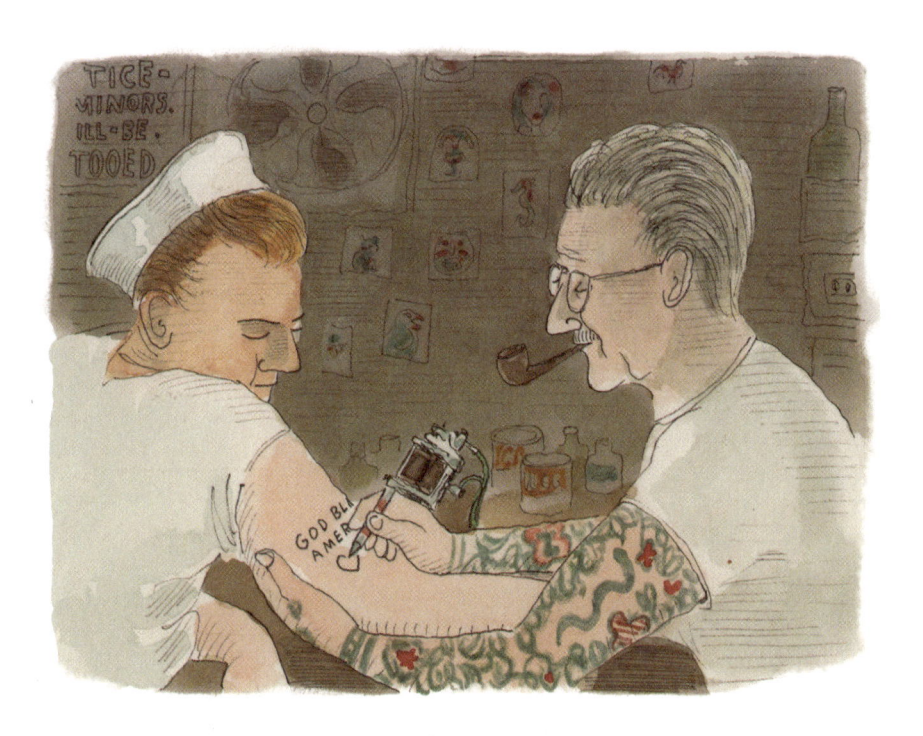

Heródoto narra una intriga sobre tatuajes y espías de tiempos antiguos. El general ateniense Histieo tenía que enviar a su yerno Aristágoras el mensaje que iniciaría la revuelta contra el Imperio persa. Era una conspiración temeraria: si les descubrían, serían torturados hasta una muerte lenta. ¿Dónde esconder la peligrosa carta?

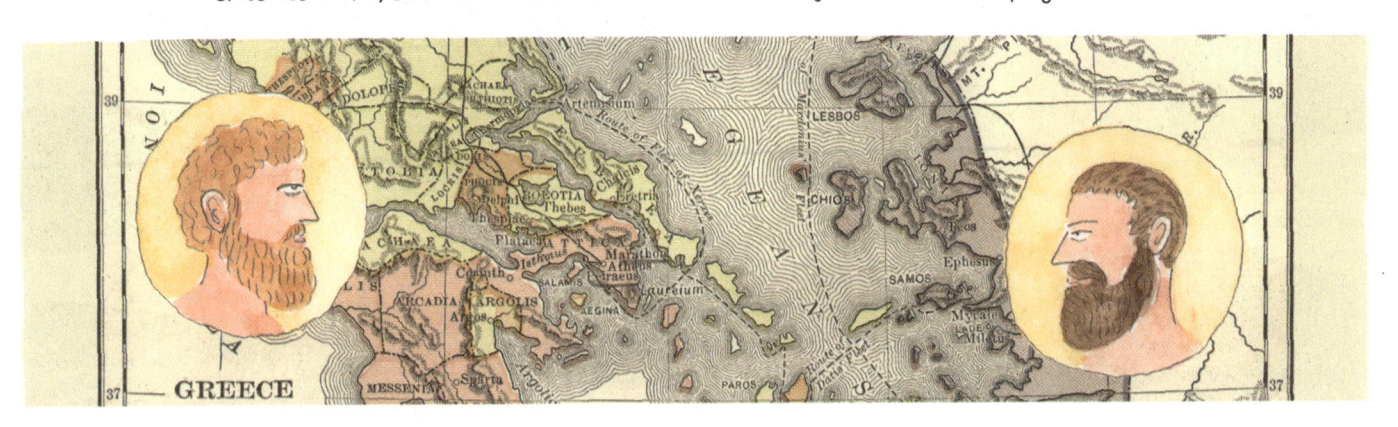

El general tuvo una idea ingeniosa: afeitó la cabeza al más leal de sus esclavos, tatuó el mensaje en su cuero cabelludo y esperó a que creciese de nuevo el pelo.

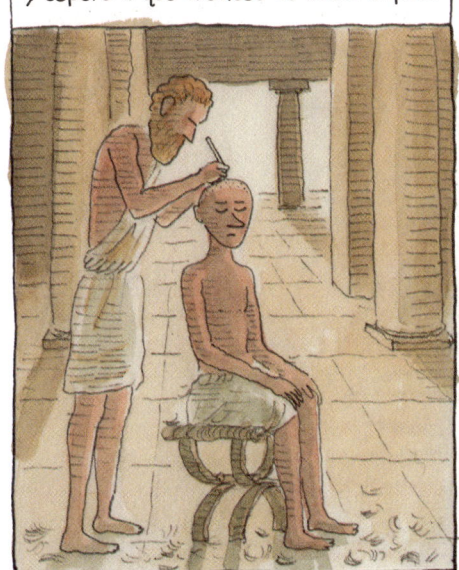

Cuando el cabello cubrió la consigna subversiva, el mensajero viajó sigiloso y llegó a su destino sin que el complot se descubriera.

El esclavo no sabía nada de la conjura. Solo tenía órdenes de afeitarse el cabello al llegar a casa de Aristágoras, y decirle que echase un vistazo a su cráneo pelado.

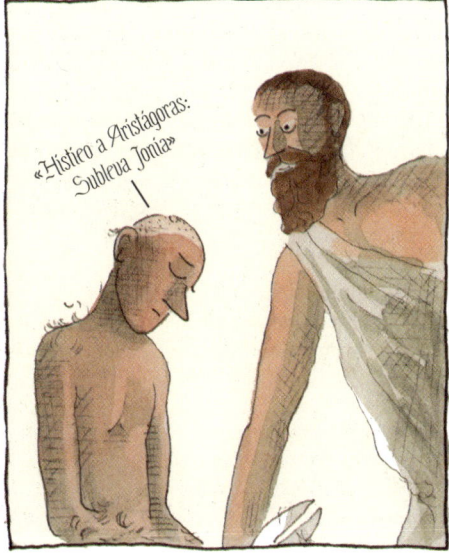

«Histieo a Aristágoras: Subleva Jonia»

En el thriller *Memento*, dirigido por Christopher Nolan, Leonard sufre amnesia a causa de un trauma. Cada mañana se despierta sin recordar nada del pasado reciente. Le obsesiona encontrar al hombre que violó y mató a su mujer, y vengarse. Para moverse por un mundo que se borra, se tatúa la información esencial en el cuerpo, y cada mañana reencuentra su propia historia sobre su piel.

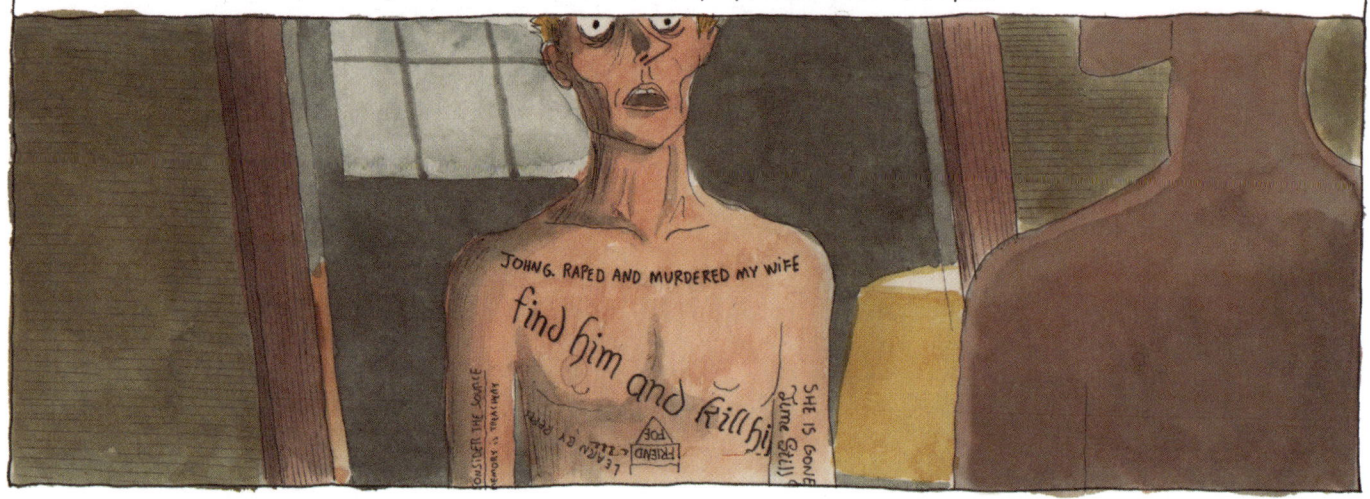

En la Biblioteca Riccardiana de Florencia tuve por primera vez entre mis manos un manuscrito de pergamino muy valioso. Lo cierto es que no necesitaba consultarlo, pero quería verlo, tocarlo, oler sus páginas...

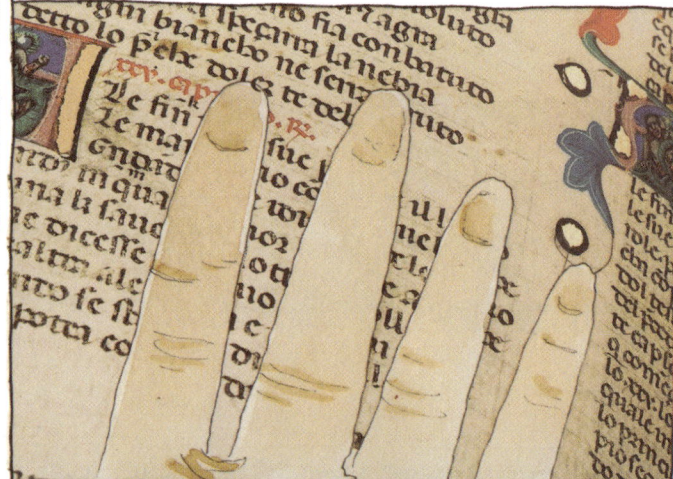

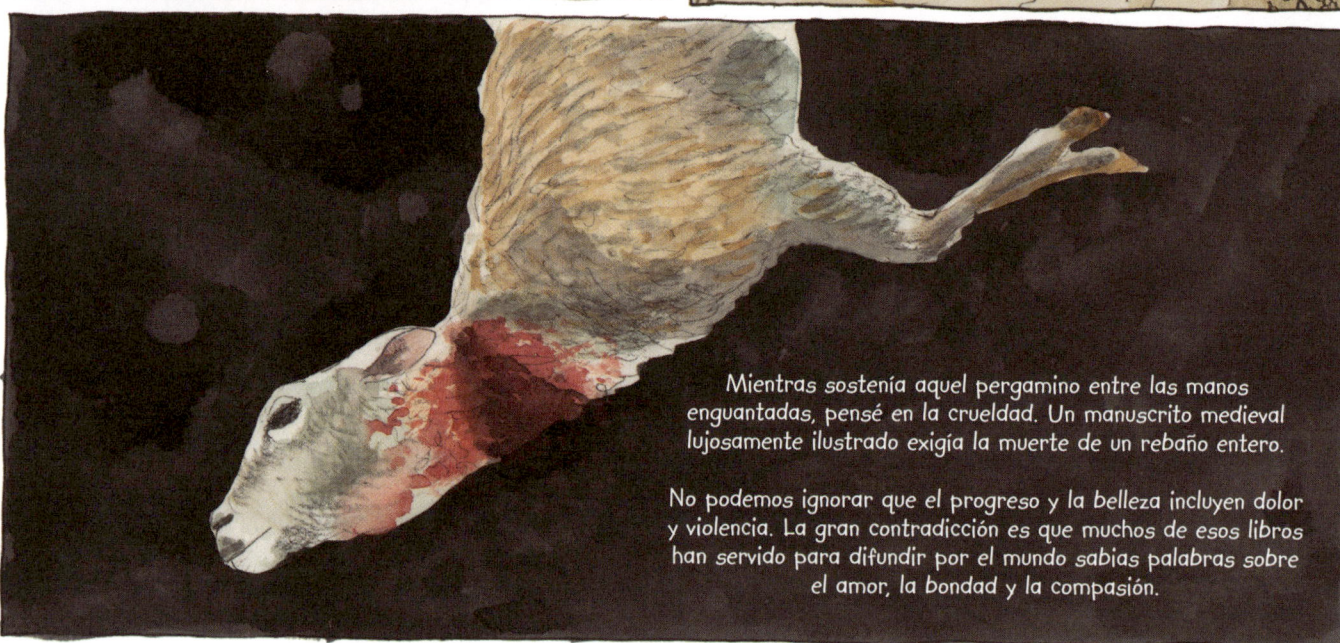

Tal vez el impulso de escribir este ensayo nació entonces, al calor de aquel libro de Petrarca, que susurraba como una suave hoguera.

Mientras sostenía aquel pergamino entre las manos enguantadas, pensé en la crueldad. Un manuscrito medieval lujosamente ilustrado exigía la muerte de un rebaño entero.

No podemos ignorar que el progreso y la belleza incluyen dolor y violencia. La gran contradicción es que muchos de esos libros han servido para difundir por el mundo sabias palabras sobre el amor, la bondad y la compasión.

# HOMERO COMO ENIGMA Y COMO OCASO

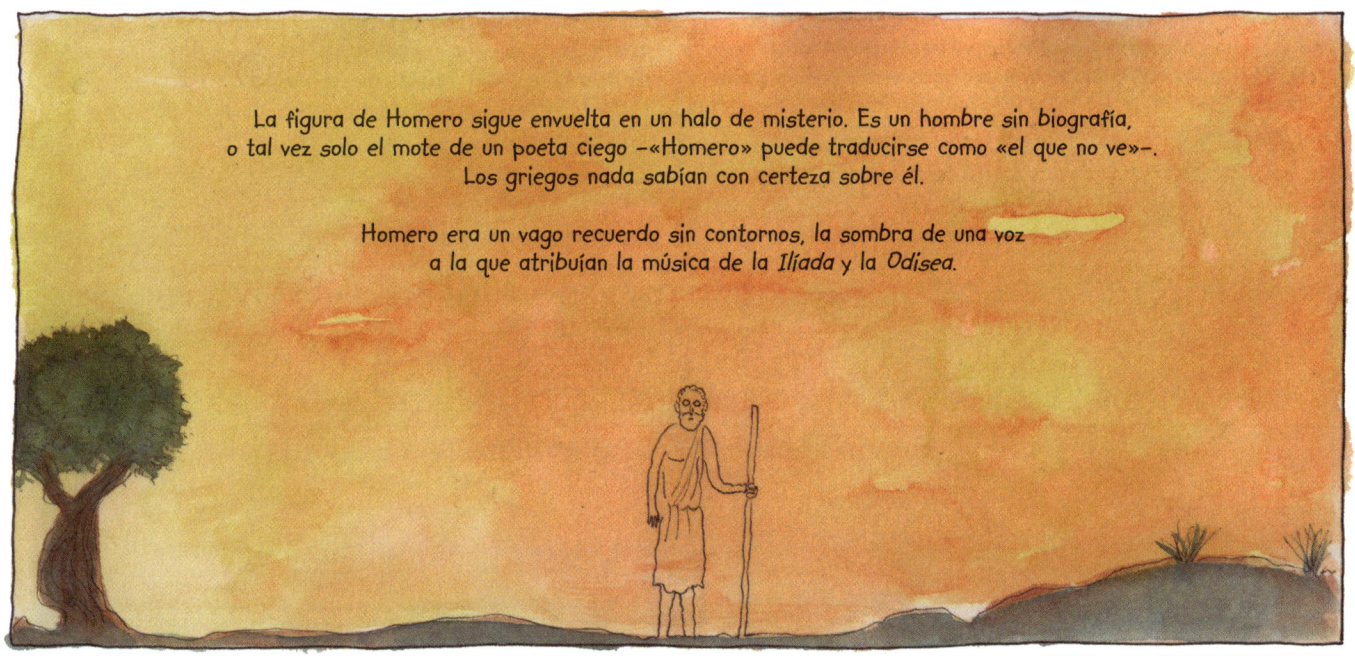

La figura de Homero sigue envuelta en un halo de misterio. Es un hombre sin biografía, o tal vez solo el mote de un poeta ciego –«Homero» puede traducirse como «el que no ve»–. Los griegos nada sabían con certeza sobre él.

Homero era un vago recuerdo sin contornos, la sombra de una voz a la que atribuían la música de la *Ilíada* y la *Odisea*.

Todos los griegos conocían esos poemas. Quienes sabían leer habían aprendido con los versos de Homero en la escuela, y los demás habían escuchado de viva voz las aventuras de Aquiles y Ulises.

De generación en generación, los seres humanos nos contamos las historias de nuestro pasado en forma de mitos. También nuestro mundo moderno inventa gestas heroicas.

El cineasta John Ford reflexiona sobre la mitificación de la historia en *El hombre que mató a Liberty Valance*.

—ENTONCES, ¿NO VA A USAR ESTA HISTORIA, MR. SCOTT?

—ESTO ES EL OESTE, SEÑOR.

—EN EL OESTE, CUANDO LOS HECHOS SE CONVIERTEN EN LEYENDA, HAY QUE IMPRIMIR LA LEYENDA.

El periodista conoce el valor de los mitos y arroja al fuego el artículo, ocultando la verdad.

Como mostró John Ford, la época del wéstern fue poco gloriosa, manchada por el genocidio indio, la apología del rifle y la esclavitud. También fue sangrienta la guerra de Troya. Pero, igual que en el cine nos enamoramos del lejano Oeste, Homero conmovía a los griegos con sus relatos bélicos.

La *Ilíada* narra la historia de un héroe obsesionado por la fama y el honor. Aquiles puede elegir entre una vida sin brillo, larga y tranquila, o una muerte gloriosa, si se embarca hacia Troya. Y decide ir a la guerra, aunque las profecías le advierten que no regresará.

Una noche, el anciano rey de Troya se aventura a solas hasta el campamento enemigo. Aquiles, la máquina de matar, se compadece del viejo y recuerda a su propio padre. Es un momento conmovedor, en el que vencedor y vencido lloran juntos.

DEVOLVEDME EL CUERPO DE MI HIJO, OS LO RUEGO.

Lloran y comparten certezas como el derecho a sepultar a los muertos, la universalidad del duelo, y la extraña belleza de esos destellos de humanidad que iluminan por un instante la catástrofe de la guerra.

ECHO DE MENOS A PENÉLOPE, PERO CONFIESO QUE ME LO ESTOY PASANDO BASTANTE BIEN...

Aquiles es un guerrero tradicional. En cambio, el vagabundo Ulises se lanza con placer a aventuras fantásticas, imprevisibles, divertidas. Los héroes de la *Ilíada* y la *Odisea* afrontan las pruebas de la vida con temperamentos opuestos. Ulises es el antepasado de todos los viajeros, exploradores, marinos y piratas de ficción.

Cuando naufraga en la isla de la ninfa Calipso, se queda con ella durante siete años disfrutando de sexo e inmortalidad. A pesar del placer, se siente desgraciado y extraña a los suyos.

¿QUIERES MARCHARTE A TU CASA? SI SUPIERAS CUÁNTAS TRISTEZAS TE AGUARDAN, TE QUEDARÍAS AQUÍ CONMIGO Y SERÍAS INMORTAL. NINGUNA MUJER PUEDE RIVALIZAR CON UNA DIOSA.

Es una oferta muy tentadora: vivir para siempre junto a una voluptuosa ninfa, sin vejez, sin enfermedades, sin problemas de próstata ni demencia senil.

DIOSA, NO TE ENFADES, PERO DESEO REGRESAR A MI HOGAR. SI LOS DIOSES ME MALTRATAN, LO SOPORTARÉ. HE SUFRIDO TANTO EN LA GUERRA Y EN EL MAR...

Tras retozar con Calipso cinco días más, Ulises zarpa de la isla. Podría haber sido un dios, pero elige volver a Ítaca para encontrarse con la decrepitud de su padre, con la adolescencia de su hijo, con la menopausia de Penélope.

La decisión de Ulises expresa una nueva sabiduría: la imperfecta vida humana merece la pena, aunque la juventud se esfume, la carne se afloje y acabemos arrastrando los pies. El héroe prefiere las tristezas auténticas a una felicidad artificial.

EL MUNDO PERDIDO DE LA ORALIDAD: UN TAPIZ DE ECOS

Más que un principio, Homero es un final. En realidad es la punta de un iceberg sumergido casi por completo en el olvido. La *Ilíada* y la *Odisea* nacieron en un mundo distinto al nuestro, en un tiempo anterior a la escritura, cuando el lenguaje era efímero (gestos, aire y ecos). Una época de «aladas palabras», como las llama Homero, palabras que se recitaban junto al fuego, que se llevaba el viento y solo la memoria podía retener.

Cuando los bardos interpretaban su repertorio ante un auditorio, por pequeño que fuera, improvisaban y jugaban con variaciones espontáneas. En cierto modo estaban «publicando» su obra. Cada representación de esos poemas orales era única.

Aunque nos parezcan visitantes del pasado, los cantos tradicionales se niegan a morir. Conservamos la grabación de un bardo cretense que canta el ataque de los paracaidistas alemanes sobre su isla en 1941. Se emociona tanto al recordar a los amigos caídos que su voz falla, titila y enmudece.

Los aedos griegos eran libros de carne y hueso, vivos y palpitantes, en tiempos sin escritura. No sabemos cómo entrenaban su prodigiosa memoria, pero sí tenemos testimonios de cantores bosnios de épocas recientes que se formaban desde niños y llegaban a dominar un centenar de cantos tradicionales.

Avdo Međedović
1875-1953

No deja de fascinarme que Homero, un autor esencial para la literatura, *sea solo un fantasma*. Gracias a la escritura han llegado hasta nosotros la *Ilíada* y la *Odisea*, dos poemas de aventuras que atravesaron la frontera entre la oralidad y el nuevo mundo.

> CUÉNTAME, MUSA, LA HISTORIA DEL HOMBRE DE MUCHOS SENDEROS QUE ANDUVO ERRANTE Y SUFRIÓ SIN CUENTO...

Mi madre era mi rapsoda: me leía cuentos todas las noches, sentada a la orilla de mi cama. La suave brisa del relato *se* llevaba las preocupaciones del día y los miedos de la noche. Aquel tiempo de lectura me parecía un paraíso pequeño y provisional.

Después he aprendido que todos los paraísos son así, humildes y transitorios.

Nos sentíamos muy unidas, más juntas que nunca, pero escindidas en dos dimensiones paralelas, dentro y fuera... solas y al mismo tiempo rodeadas de mucha gente, amigas y espías de los personajes.

Mi gesto favorito mientras ella me contaba cuentos era menear un diente tembloroso con el dedo, sentir cómo bailaba hasta soltarse con unos hilos salados de sangre.

La infancia dejaba huecos en mi cuerpo y añicos blancos por el camino. El tiempo de escuchar cuentos acabaría pronto, aunque yo no lo sabía.

Al final ella cerraría el libro, me dejaría sola en la oscuridad y se entregaría a la secreta vida nocturna de los mayores, ese país extranjero prohibido a los niños.

El libro cerrado me expulsaría de las orillas del Misisipi, del monte de las Ánimas, de la fortaleza de If, de la selva de Misiones, de la isla de Ítaca...

Y, aunque yo lo abriese, no serviría de nada, solo vería hileras de hormigas... Sin la voz de mi madre, no había magia.

Los habitantes del mundo oral descubrieron que el lenguaje rítmico es más fácil de recordar. Así nació la poesía.

Al recitar versos, la melodía de las palabras ayuda a repetir el texto. En la escuela, aprendimos poemas que vuelven con nitidez a nuestra memoria.

El ritmo aviva, excita y acompaña nuestros placeres.

La épica griega fluye en hexámetros, mientras el verso hebreo usa las repeticiones, como un canto.

«HAY UN MOMENTO PARA TODO BAJO EL CIELO: UN TIEMPO PARA NACER Y UN TIEMPO PARA MORIR; UN TIEMPO PARA PLANTAR Y UN TIEMPO PARA ARRANCAR LO PLANTADO...»

Pete Seeger alcanzó el éxito en 1965 con una canción inspirada en el *Eclesiastés*.

Los poemas transmitían sus enseñanzas en forma de relatos y no de reflexiones. Ningún poeta habría dicho algo tan poco cautivador como:

«LAS MENTIRAS SOCAVAN LA CONFIANZA».

ZZZZZ

En su lugar, preferiría contar la historia del pastor bromista que se divertía alarmando a la gente.

¡QUE VIENE EL LOBO!

El conocimiento se transmitía en forma de relato, mito o fábula. El mundo oral imaginaba historias donde los vivos se codeaban con los muertos, los humanos con los dioses, y los cuerpos con los fantasmas...

Los cuentos tradicionales humanizaban la naturaleza. La literatura infantil aún mantiene ese antiguo placer por la alegre convivencia entre animales parlantes y niños.

Esas leyendas eran enciclopedias de agricultura, navegación, medicina, ética... Encontramos valiosas enseñanzas, pero también los errores y horrores de aquel tiempo. En su belleza y sabiduría, la épica homérica encierra además los valores opresivos de un mundo masculino dominado por aristócratas y guerreros.

Telémaco manda callar a su madre.

MADRE, MARCHA A TU HABITACIÓN, OCÚPATE DEL TELAR Y LA RUECA, Y VIGILA A LAS ESCLAVAS.

LA PALABRA DEBE SER COSA DE HOMBRES, Y SOBRE TODO COSA MÍA, QUE ESTOY AL MANDO DE ESTE PALACIO.

Ulises humilla a Tersites, único plebeyo que aparece en la *Ilíada*.

¡SI VUELVES A PROTESTAR, TE DESNUDARÉ, TE AZOTARÉ Y TE ENVIARÉ SOLLOZANDO A LAS NAVES!

Al transcribirlas, las narraciones orales perdieron su vitalidad palpitante. Salvar aquella herencia exigió herirla de muerte. Pero gracias a la escritura, escuchamos sus ecos en las mitologías, cuentos tradicionales, sagas y canciones folclóricas.

Frente al torrente de la oralidad, quien lee libros puede detenerse a meditar. Así nacería la lectura reflexiva y crítica.

HUMM... QUÉ IDEA TAN INTERESANTE...

En los textos escritos caben excentricidades, voces individuales, desafíos a la tradición, y esta ampliación de perspectivas está en el origen de la historia, la filosofía y la ciencia.

El oficio de pensar el mundo existe gracias a los libros y la lectura, es decir, cuando podemos ver las palabras y reflexionar sobre ellas en lugar de oírlas en el veloz río del discurso.

La escritura se abría camino, pero los grandes contadores de historias seguían encandilando al público. Los griegos tenían fama de apasionados charlatanes.

Sócrates, un pequeño artesano, pasó su vida merodeando por el ágora para entablar diálogos filosóficos con sus vecinos atenienses. Era un conversador formidable que siempre se negó a escribir sus enseñanzas.

Seguramente Sócrates se sentía más próximo a los antiguos bardos de vida al aire libre que a los escritores de tez pálida y aspecto ojeroso.

En otra época, un personaje de origen humilde no hubiera podido hablar en público. Pero en la ilustrada Atenas de su tiempo, los aristócratas lo respetaban.

¿CUÁNTO NECESITAS PARA FILOSOFAR?

En una escena del Evangelio, Jesús de Nazaret escribe en la arena. Sócrates, Pitágoras, Diógenes, Buda y el propio Jesús sabían leer y escribir, pero optaron por la oralidad. Serían sus discípulos quienes trasladarían aquellas ideas a libros, y así expandieron su mensaje.

Milenios más tarde, modernas tecnologías darían nueva vida a la vieja oralidad. Desde tiempos remotos, la voz humana solo podía alcanzar a las personas físicamente presentes. Gracias primero a la radio y al teléfono, y después a los dispositivos móviles, los audiolibros y los podcast, nuestras palabras viajan de un extremo al otro del planeta con las alas más largas que nunca.

Con la invención del cine mudo, el público asistió maravillado al espectáculo de las imágenes en movimiento. Sin embargo, surgió un problema: el analfabetismo rampante impedía que muchas personas leyeran los rótulos.

Aparecieron así unos curiosos personajes, los explicadores, herederos de trovadores y titiriteros, que narraban las películas y animaban la sesión.
Muchos espectadores acudían al cine atraídos por la fama de estos modernos cuentacuentos.

Heigo Kurosawa fue un admirado *benshi*, narrador de películas mudas japonesas, que se convirtió en una auténtica estrella. Tenía un hermano pequeño, Akira, que lo seguía fascinado.

La irrupción del cine sonoro condenó al olvido a los *benshi*. Heigo se suicidó en 1933. Akira dedicó su vida a dirigir películas como las que aprendió a amar en la voz de su hermano mayor.

Cuando la Academia sueca concedió el Premio Nobel de Literatura a Bob Dylan, los guardianes de las esencias protestaron escandalizados. ¿Irrumpirían en el *sancta sactorum* de la Academia una jauría de hijos bastardos de la palabra: guionistas de cine y videojuegos, autores de cómics, monologuistas?

Pensé en Homero, en los bardos itinerantes, antepasados de los escritores. Un Nobel para la oralidad, ¡qué antiguo puede llegar a ser el futuro!

## LA REVOLUCIÓN APACIBLE DEL ALFABETO

Hoy intentamos que todo el mundo aprenda a leer y a escribir en la infancia. Las personas analfabetas sufren una enorme impotencia ante situaciones cotidianas.

En un mundo escrito, se sienten desorientadas. Dedican un esfuerzo agotador a ocultar sus dificultades, y esa necesidad de fingir acababa marginándolas.

DISCULPE...

¿PODRÍA LEERME ESTO? HE OLVIDADO LAS GAFAS EN CASA.

En *La ceremonia*, el cineasta Claude Chabrol captó el lado inquietante de esta silenciosa exclusión, mostrando la obsesión desesperada de una mujer analfabeta por proteger su secreto.

Leemos más que nunca. Las letras parpadean en las pantallas de teléfonos y ordenadores. Cada instante, se leen y escriben más palabras que en siglos anteriores.

¡Hola!

Ana María Moix me contó que, en los años setenta, quedó con los autores del boom latinoamericano en un restaurante de Barcelona donde había que entregar el pedido por escrito al camarero. Pero ellos, bebiendo y conversando, se desentendieron del menú.

¿ES QUE NADIE SABE ESCRIBIR EN ESTA MESA?

Combinando letras hemos conseguido la más perfecta partitura
del lenguaje, y la más duradera.

Los orígenes de la escritura están envueltos en silencio y misterio.
Si arrojamos luz sobre su pasado más remoto, descubrimos que
nuestros textos son paisajes donde pintamos el oleaje del mar,
peligrosos animales y miradas que no pestañean.

Nuestra letra «E» deriva de un bello jeroglífico egipcio, un hombre
levantando los brazos, que significaba: das alegría con tu presencia.

Hace seis mil años aparecieron los primeros signos escritos en Mesopotamia. Con esos trazos, los terratenientes contabilizaban sus rebaños, sus bosques, su despensa y sus esclavos. Empezamos escribiendo inventarios y, después, invenciones. Primero, las cuentas; a continuación, los cuentos.

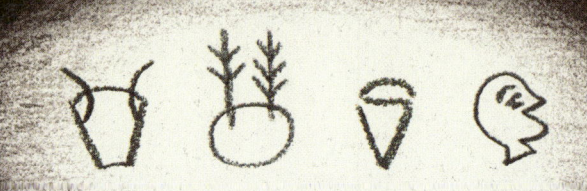

El siguiente paso fue dibujar ideas abstractas. En las primitivas tablillas sumerias, dos rayas paralelas describían la amistad, un aspa la enemistad, y un pato con un huevo la fertilidad, pero se necesitaban demasiados dibujos para representar el mundo —desde las pulgas a las nubes, desde el dolor de muelas al miedo a morir—.

La solución fue una de las mayores genialidades humanas: dejar de dibujar las cosas y las ideas —que son infinitas—, y dibujar los sonidos de las palabras —que son limitados—. Así, a través de sucesivas simplificaciones llegaron a las letras, que nunca han dejado atrás su pasado de dibujos esquemáticos. Nuestra «M» representaba el movimiento del agua, la «N» era una serpiente y la «O» un ojo.

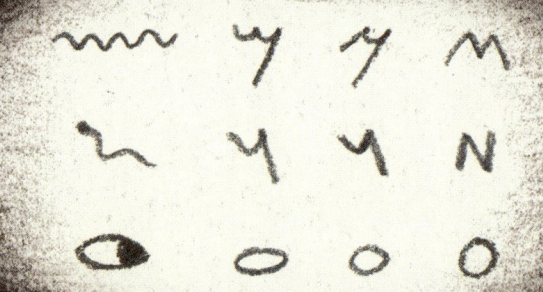

Las escrituras antiguas con miles de símbolos, como el sistema jeroglífico egipcio, exigían una memoria privilegiada. Debido a su enorme complejidad, solo estaban al alcance de una minoría de escribas.

El alfabeto retuvo solo los signos que representaban las consonantes simples, la arquitectura básica de las palabras. Los vestigios más antiguos, fechados en 1850 a.C. se encontraron en una pared rocosa llena de grafitis en Wadi el-Hol, «el valle terrible», en el Alto Egipto.

Hacia el 1250 a.C. los fenicios llegaron a un sistema de veintidós signos. Gracias a este sistema simplificado, los comerciantes podían llevar sus propios negocios y quedaban liberados del poder del escriba. La invención del alfabeto derribó muros y abrió puertas para que muchos pudieran acceder al pensamiento escrito.

Con la expansión del alfabeto, personas fuera de los círculos aristocráticos y sacerdotales podrían aprender los secretos de la escritura. El mundo de la oralidad era tradicional y colectivo, pero el nuevo invento permitiría la aparición de voces fuera de la ortodoxia, individuales e íntimas.

Los fenicios crearon un sistema de escritura del que descienden los alfabetos posteriores: hebreo, árabe, griego, latino... El testimonio más antiguo se encuentra en el sarcófago de Ahiram, rey de Biblos, del 1000 a.C. Los griegos dieron a los libros –*biblion*– el nombre de esa ciudad fenicia, y así su raíz permanece aún en la Biblia o las bibliotecas.

En esta historia de invenciones y descubrimientos, llegaría un hallazgo clave.
No sabemos su nombre ni sus orígenes, pero sí sabemos que este griego vivió hace veintinueve siglos, y cambió nuestro mundo. Sospecho que era un hombre porque las mujeres de la época no tenían libertad de movimiento ni independencia.

Imagino a un viajero, tal vez isleño. Con seguridad amigo de curtidos mercaderes fenicios. Mientras escuchaba sus historias de mar, algo le fascinó.

¿Cómo unos humildes marinos podían escribir tan deprisa?

El complejísimo arte de la escritura estaba reservado a las élites del poder. Los rápidos trazos de los marinos fenicios fueron una revelación. Sintió asombro, vértigo, deseos de poseer su secreto. Consiguió informantes letrados, quizás pagándoles para que le revelasen el enigma.

Aprendió la mágica herramienta que permitía atrapar la huella de las palabras con veintidós dibujos. Pero en la escritura fenicia solo se anotaban las consonantes de cada sílaba, dejando al lector la tarea de adivinar las vocales.

A partir del modelo fenicio, inventó para su lengua griega el primer alfabeto completo de la historia –tan preciso como una partitura–. Tomó letras que no le servían, y usó sus signos para transcribir las vocales que necesitaba.

Su logro fue enorme. Gracias a él se difundió en Europa ese alfabeto perfeccionado, la lectura pasó a ser más accesible y dejó de estar sujeta a conjeturas.

Este sabio anónimo, asiduo de tabernas hasta el amanecer, forjó las palabras del futuro. No sabemos nada sobre ese desconocido, pero sí que su logro fue individual, deliberado y consciente. Creó el instrumento prodigioso que ahora me permite contar su historia.

«El bailarín que dance con mayor destreza...».
Este verso sensual y evocador grabado en el vaso de Dípilon es el ejemplo más remoto de escritura alfabética griega.

Sus palabras nos trasladan a una residencia con risas, juegos, vino y un concurso de baile cuyo ganador se llevará la vasija como trofeo. En su tumba, este vaso conservó ecos de música y huellas de unos pasos de danza. El alfabeto llevó la escritura más allá de la contabilidad y los almacenes, y la hizo sucumbir al deseo.

## VOCES QUE SALEN DE LA NIEBLA. TIEMPOS INDECISOS

En la infancia de la escritura, empezamos a conocer los nombres y las vidas de los autores. A veces, incluso hablan en primera persona, un atrevimiento que nunca se permite el invisible narrador de la *Ilíada* y la *Odisea*.

> SOY HESÍODO. MI POEMA OS HABLARÁ SOBRE MÍ, SOBRE EL VAGO DE MI HERMANO, LA MÍSERA ALDEA EN LA QUE VIVIMOS... POR FAVOR, NO ME DEJÉIS CAER EN EL OLVIDO. ¡LEEDME!

Hesíodo era un joven pastor que pasaba sus días en la soledad de la montaña. Se construyó un mundo imaginario con versos, música y palabras. Un día, tuvo una visión. Se le aparecieron las nueve musas, le enseñaron un canto y le insuflaron su don.

> SABEMOS CONTAR MENTIRAS QUE PARECEN VERDADES, Y SABEMOS, CUANDO QUEREMOS, PROCLAMAR LA VERDAD.

Esta es una de las reflexiones más antiguas sobre la ficción, esa mentira sincera...

En *Los trabajos y los días*, este pastor poeta, como siglos más tarde Miguel Hernández, relata la épica del quehacer cotidiano y describe un tipo distinto de heroísmo: la lucha por sobrevivir en condiciones difíciles, las labores del campo, el respeto al otro, la sed de justicia. Allá, en una pequeña hacienda en su mísera aldea de Ascra, comienza la genealogía de la poesía social.

Para Sócrates, el don de la escritura ayudaba a la memoria, pero también contenía peligros. Platón contó en el *Fedro* las lecciones de su maestro. El diálogo empieza junto al río...

HACE SIGLOS, EL DIOS EGIPCIO THEUTH, INVENTOR DE LOS NÚMEROS Y LAS LETRAS, VISITÓ AL REY THAMUS Y LE OFRECIÓ ESTOS DONES.

El rey preguntó qué utilidad tenía escribir, y Theuth replicó:

ESTE CONOCIMIENTO, ¡OH, REY!, HARÁ MÁS SABIOS A LOS EGIPCIOS; ES EL ELIXIR DE LA MEMORIA Y DE LA SABIDURÍA.

¡OH, THEUTH, PADRE DE LA ESCRITURA! LAS LETRAS PRODUCIRÁN OLVIDO EN QUIENES LAS APRENDAN, YA QUE AL FIARSE DE LOS LIBROS DESCUIDARÁN LA MEMORIA.

LA ESCRITURA DARÁ A LOS HOMBRES APARIENCIA DE SABIDURÍA, NO SU VERDAD. ENTENDIDOS EN TODO PERO NO INSTRUIDOS, SU COMPAÑÍA SERÁ DIFÍCIL DE SOPORTAR. SE CREERÁN SABIOS SIN SERLO.

Tras escuchar el exótico mito egipcio, Fedro confirma lo dicho por su maestro. Los modosos seguidores de Sócrates jamás le contradicen.

MUY CIERTO, SÓCRATES.

TE LO CONCEDO, SÓCRATES.

OTRA VEZ TIENES RAZÓN, SÓCRATES.

LA PALABRA ESCRITA HABLA CONTIGO COMO SI FUERA INTELIGENTE, PERO SI LE PREGUNTAS PORQUE DESEAS SABER MÁS, TE REPITE LO MISMO. LOS LIBROS NO SON CAPACES DE DEFENDERSE.

La gran ironía de todo esto es que, al explicar el menosprecio de su maestro hacia los libros en un libro, Platón conservaba sus críticas contra la escritura para nosotros, sus lectores futuros.

Sócrates temía que, confiados en los libros, abandonaríamos la reflexión y el esfuerzo por memorizar.

Ahora estamos inmersos en una transición tan radical como la alfabetización griega; internet está cambiando el uso de la memoria y la mecánica misma del aprendizaje.

Conscientes de que la información está disponible en la red, relajamos el esfuerzo de memoria: los científicos llaman «efecto Google» a este fenómeno. Tenemos más conocimiento que nunca a nuestro alcance, pero todo se almacena fuera de nuestra mente. Bajo el aluvión de datos, ¿dónde queda el saber?

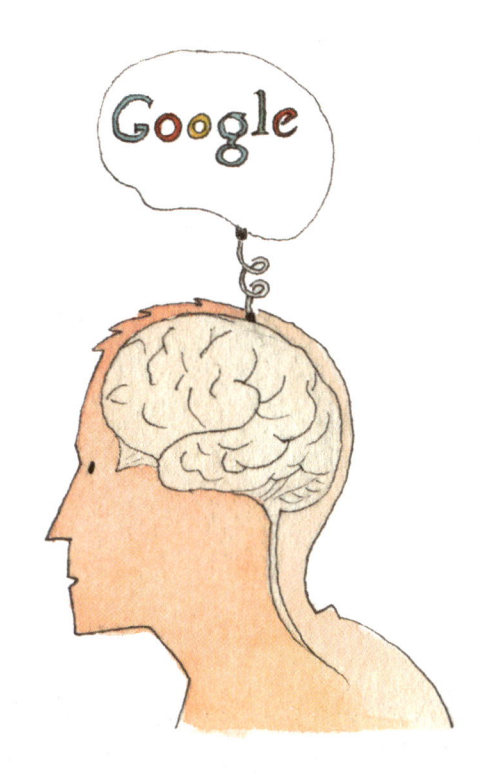

La única posibilidad de expandir nuestra memoria es tecnológica: escritura, libros, imprenta, redes digitales. Hoy la línea que separa nuestras mentes de internet es cada vez más borrosa. En reuniones con amigos siempre hay alguien que se zambulle en la pantalla de su teléfono, como un ave acuática y, tras una consulta rápida, emerge con el pez en el pico, aclarando todas las dudas.

La escritura, como internet, fue una revolución tecnológica. Permitió construir por primera vez una memoria común, expandida, capaz de viajar en el espacio y en el tiempo. Podemos pensar, como Sócrates, que nos hemos convertido en engreídos ignorantes. O que gracias a las letras formamos parte del cerebro más grande e inteligente que ha existido nunca. Como escribió Borges:

> DE LOS INSTRUMENTOS DEL HOMBRE, EL MÁS ASOMBROSO ES, SIN DUDA, EL LIBRO. LOS DEMÁS SON EXTENSIONES DE SU CUERPO.

> EL MICROSCOPIO Y EL TELESCOPIO SON EXTENSIONES DE SU VISTA; EL TELÉFONO ES EXTENSIÓN DE SU VOZ; EL ARADO Y LA ESPADA, EXTENSIONES DE SU BRAZO.

> PERO EL LIBRO ES OTRA COSA: EL LIBRO ES UNA EXTENSIÓN DE LA MEMORIA Y DE LA IMAGINACIÓN.

Sócrates dijo a Fedro que las palabras escritas son signos muertos y fantasmales. El poeta Friedrich Hölderlin, nacido más de dos milenios después de Sócrates, creía ser un antiguo ateniense trasplantado a la inhóspita Alemania.

SÓCRATES CONQUISTABA LOS CORAZONES Y ASPASIA PASEABA ENTRE LOS MIRTOS, MIENTRAS MI PLATÓN FORJABA PARAÍSOS.

Con apenas treinta años, el poeta alemán empezó a sufrir crisis mentales. Declarado enfermo incurable, sus parientes lo ingresaron en una clínica.

En el verano de 1807, visitó a Hölderlin un ebanista llamado Ernst Zimmer, entusiasmado por su libro *Hiperión*. Sin conocerlo, decidió llevárselo a su casa y cuidar en su demencia al autor de la novela que amaba.

Allí permaneció el poeta hasta su muerte, en 1843. Durante casi cuatro décadas, las calladas palabras de un libro forjaron, entre dos extraños, un vínculo más fuerte que el parentesco.

Me encantaría contarle esta historia al gruñón Sócrates. Tal vez las letras sean solo signos muertos y fantasmales, pero los lectores sabemos insuflarles vida.

Fahrenheit 451, la temperatura a la que arden los libros, es el título elegido por Ray Bradbury para su fantasía futurista. En ella, el Gobierno ha decretado que todo el mundo sea feliz.
O no tan futurista.
Los libros están repletos de ideas nocivas y melancólicas, así que la población debe ser protegida de los escritores, que contagian pensamientos malignos.
Los disidentes son perseguidos. Han memorizado libros enteros y los guardan en sus cabezas, donde nadie puede verlos. «Algún día, algún año, los libros podrán ser reescritos».
Todos los lectores llevamos dentro íntimas bibliotecas clandestinas de palabras que nos han dejado huella.
YO SOY LA REPÚBLICA DE PLATÓN.
YO SOY MARCO AURELIO.
EL CAPÍTULO UNO DE WALDEN DE THOREAU VIVE EN GREEN RIVER; EL CAPÍTULO DOS, EN WILLOW FARM.
HAY UN PUEBLECITO DE VEINTISIETE HABITANTES QUE ALBERGA LOS ENSAYOS COMPLETOS DE BERTRAND RUSSELL, DIVIDIDOS EN TANTAS PÁGINAS COMO PERSONAS HAY.
¡NUNCA JUZGUE UN LIBRO POR SU CUBIERTA!
La novela parece una fábula distópica, pero no lo es. En el año 213 a. C., el emperador chino Shi Huandi ordenó que se quemasen todos los libros de su reino. Quería que la historia comenzase con él.
LOS QUE UTILICEN LA ANTIGÜEDAD PARA DENIGRAR LOS TIEMPOS PRESENTES SERÁN EJECUTADOS JUNTO A SUS FAMILIAS.
QUIENES OCULTEN LIBROS SERÁN MARCADOS CON UN HIERRO CANDENTE Y CONDENADOS A TRABAJOS FORZADOS.
Años después, bajo una nueva dinastía, se reescribieron muchos de aquellos libros perdidos. Letrados y lectores conservaban en la memoria obras enteras en secreto, al abrigo de las persecuciones y los hombres de las hogueras.

## APRENDER A LEER SOMBRAS

Solo los hijos de la aristocracia tenían derecho a la enseñanza. Durante la niñez, les educaban sus ayos en palacio. En la adolescencia, aprendían el arte de la guerra de sus amantes adultos. Con las mujeres relegadas a los gineceos, las ciudades eran clubs de hombres que se observaban unos a otros emulándose y enamorándose.

Entonces sucedió lo inesperado. La fiebre del alfabeto se extendió más allá de los círculos nobles, que tuvieron que soportar a un número creciente de advenedizos dispuestos a pagar para iniciar a sus hijos en los secretos de la escritura. Así nació la escuela.

Descubrimos una de las primeras escuelas en un texto de desasosegante actualidad. Pausanias cuenta en su *Descripción de Grecia* un asesinato que conmocionó a las gentes de una remota isla, a principios del siglo v a. C. La lúgubre historia parece un cruce entre *Bowling for Columbine* y la leyenda de Sansón.

«Dicen que el púgil mató en un combate a su contrincante. Por su brutalidad, los jueces olímpicos le retiraron la victoria. Loco de rabia, entró en la escuela, donde había sesenta niños, y derrumbó la columna que sostenía el techo, matándolos a todos».

La educación llegó incluso a esas aldeas que solo abandonan la trastienda de la historia por un crimen espeluznante.

Un día, por fin tengo un lápiz entre los dedos. No se deja sujetar fácilmente, hay que domesticarlo. Lo aprieto con fuerza contra el papel para que no se escape, pero a veces se rebela y se parte las narices contra el cuaderno.

Puedo verme inclinada hacia delante, dibujo palotes, puentes, redondeles, curvas. Filas de emes enganchadas a sus vecinas. Filas de bes con su barriguita.

Hasta que una mañana, por sorpresa, le arranco el secreto a la escritura.

ma

Hago magia.

He atrapado la realidad con una red de letras.

Ya no hay solo palitos y redondeles. La he llamado con mi lápiz, está ahí.

mama

Acabo de escribir y comprender mi primera palabra.

¿Quién iba a sospechar que el mundo entero estaba engalanado con cadenetas de letras como una gran verbena? Ahora hay que descifrar la calle.

FAR-MA-CIA.

PA-NAD...E-RO.

SE AL-QUIIII-LA.

Empiezan las ráfagas de preguntas:

¿QUÉ SIGNIFICA BAJOENCA-LORÍAS?

¿Y AGUAMINE-RALNATURAL?

¿CONSUMIRPRE-FERENTEMENTE?

Aprender a leer tiene algo de rito iniciático. En la sociedad judía medieval se celebraba una ceremonia solemne. El maestro leía en voz alta un texto escrito en la pizarra. Luego untaban la pizarra con miel y el alumno lamía las palabras para que penetrasen simbólicamente en su cuerpo.

¡PREFIERO LA SOPA DE LETRAS!

## EL ÉXITO DE LAS PALABRAS DÍSCOLAS

La escritura se alía con las palabras díscolas, esas que chocan contra los valores de su época.

¡SOY ARQUÍLOCO! HIJO BASTARDO DE UN NOBLE Y UNA ESCLAVA, MERCENARIO Y POETA.

Durante su corta vida se alquiló para combatir en guerras ajenas.

En una escaramuza, tuvo que elegir entre morir manteniendo la posición, o echar a correr para sobrevivir.

¡YO ME LARGO! SÍ, SOY UN ANTIHÉROE, ¿Y?

¡ERES UN ARROJAESCUDOS!

«El escudo que arrojé a mi pesar en un arbusto, una pieza excelente, ahora la blande un tracio. Pero salvé el pellejo. ¿Qué me importa ese escudo? Que se pierda. Otro tan bueno me compraré».

LA VIDA NO SE PUEDE RECUPERAR NI COMPRAR CUANDO EL ÚLTIMO ALIENTO ATRAVIESA LA EMPALIZADA DE LOS DIENTES.

Aunque era valiente, amaba la vida. Sabía que el soldado que huye a tiempo sirve para otra batalla, y para escribir otros poemas.

Su temperamento era apasionado, vengativo, burlón. En sus versos, el lenguaje era crudo hasta rozar la brutalidad.

COMO UN TRACIO QUE CHUPA LA CERVEZA CON UNA CAÑA, ELLA, GACHA LA CABEZA, SE AFANABA.

Arquíloco murió en el campo de batalla. La promesa de gloria póstuma le parecía otra fanfarronada más:

NADIE, DESPUÉS DE MUERTO, ES HONRADO POR SUS PAISANOS. PREFERIMOS, VIVOS, LA ALABANZA DE LOS VIVOS.

Richard Jenkyns, profesor de Oxford, lo considera «el primer incordio de Europa».

JA, JA, JA, ¡ESE SOY YO!

EL PRIMER LIBRO

No hay restos arqueológicos de los libros más antiguos de Europa. Pero sí tenemos algunas claves: en torno al 500 a.C., Heráclito depositó un ejemplar de su obra *Sobre la naturaleza* en el templo de Artemisa en Éfeso.

Con Heráclito empieza la literatura difícil. Si el mundo es confuso, el lenguaje para describirlo será denso, misterioso y complejo.

AL PARECER, SOMOS UN POCO CRÍPTICOS...

Proust

Heráclito el enigmático

Faulkner

Joyce

Heráclito pensaba que la realidad se explica como tensión permanente. Él lo llamaba «guerra» o lucha entre contrarios. Día y noche, vigilia y sueño, vida y muerte se transforman uno en otro y solo existen en su oposición.

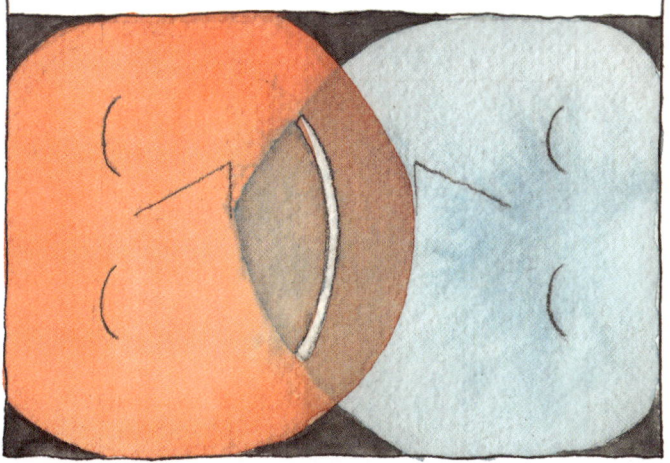

A Heráclito le correspondía por herencia ser rey de su ciudad, pero cedió el cargo a su hermano menor. No le interesaba el poder, estaba obsesionado por encontrar el *logos* del universo, que significaba «palabra» y también «sentido».

Para él, la clave de la realidad era el cambio. Nada permanece. Todo fluye. No nos bañaremos dos veces en el mismo río. Esa imagen acuática de un mundo siempre cambiante está impresa en nuestra mente. Ya deslumbró a Platón, resurge en los versos de Jorge Manrique y en la modernidad líquida de Bauman.

La lucha entre contrarios explica nuestra actualidad. La globalización y la ley de la frontera, el mestizaje y el miedo a las minorías, hospitalidad y expulsión, libertad y refugios amurallados, revolución y nostalgia. Heráclito pensaba también que pequeños cambios podían alterarlo todo. Por eso, la esperanza de transformar el mundo siempre tiene razón.

Quiere ser famoso a cualquier precio, se rebela contra la idea de ser uno más. Ha decidido que hará algo grande, solo le falta descubrir qué.

Por fin trama un plan. Puede pasar a la historia como destructor. En su ciudad se encuentra una de las siete maravillas del mundo: el templo de Artemisa. Hicieron falta ciento veinte años para construirlo.

Una noche sin luna del año 365 a.C., mientras en la remota Macedonia nace el gran Alejandro, él se desliza entre las sombras que llevan al templo. Se apodera de una lámpara y prende fuego a las telas que adornan el interior.

El incendio reduce a cenizas aquel rollo de papiro que Heráclito había regalado a la diosa.

Las ciudades de Asia Menor prohiben, bajo pena de muerte, revelar su nombre, pero no logran borrarlo de la historia. Se llama Eróstrato. En su memoria, se diagnostica síndrome de Eróstrato a quienes, por alcanzar unos minutos de gloria en pantalla, son capaces de cualquier barbaridad gratuita.

## LAS LIBRERÍAS AMBULANTES

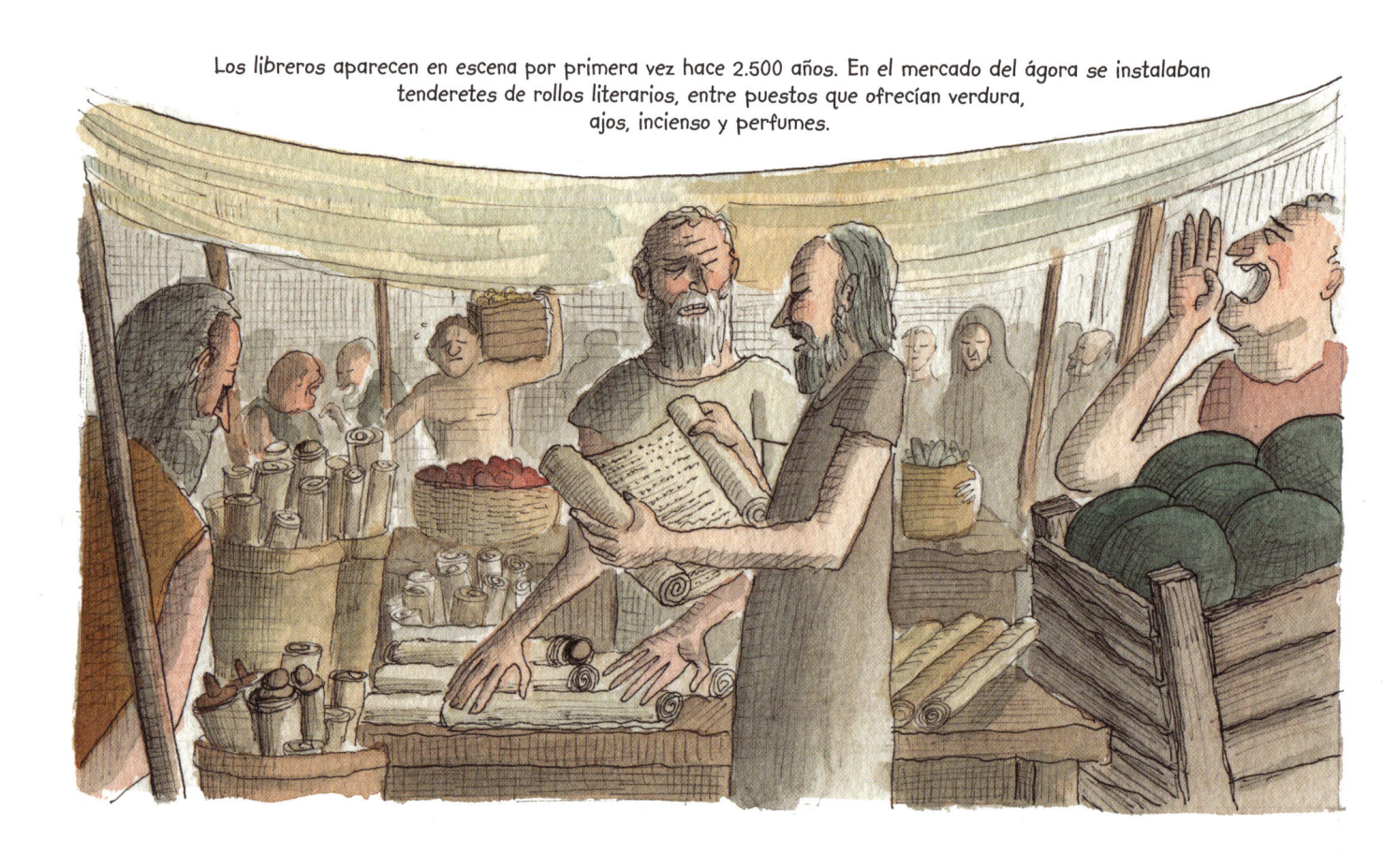

Los libreros aparecen en escena por primera vez hace 2.500 años. En el mercado del ágora se instalaban tenderetes de rollos literarios, entre puestos que ofrecían verdura, ajos, incienso y perfumes.

Hoy los bibliobuses o biblioburros mantienen viva la vieja costumbre de los libros trotamundos.

*La librería ambulante* de Christopher Morley relata esa existencia errante. En los años veinte del pasado siglo, el señor Mifflin recorre el mundo rural norteamericano. Tras años como maestro con un salario miserable, construye su propio carromato, compra ejemplares de segunda mano, y se dispone a divulgar el evangelio de los buenos libros.

Zarandea su mercancía de granja en granja. Cuando llega junto al porche de una casa, baja de un brinco desde el pescante y se esfuerza por convencer a una mujer que pela patatas de la importancia de leer.

CUANDO VENDES UN LIBRO, NO SOLO ESTÁS VENDIENDO DOCE ONZAS DE PAPEL, TINTA Y PEGAMENTO. ESTÁS VENDIENDO UNA VIDA NUEVA. AMOR, AMISTAD Y HUMOR, Y BARCOS QUE NAVEGAN EN LA NOCHE. EN UN LIBRO CABE TODO.

¡REPÁMPANOS! SI EN LUGAR DE LIBRERO FUERA PANADERO, CARNICERO O VENDEDOR DE ESCOBAS, LA GENTE CORRERÍA A RECIBIRME. Y HEME AQUÍ, CON MI CARGAMENTO DE SALVACIONES ETERNAS.

SÍ, SALVACIÓN PARA SUS PEQUEÑAS Y ATRIBULADAS ALMAS. Y NO VEA CÓMO CUESTA QUE LO ENTIENDAN.

A medida que se adentra en el campo, Mifflin encuentra menos libros. Haría falta un ejército de libreros como él para conseguir que la literatura circulara por las venas del país.

Si esa era la situación en un país moderno, ¿cómo sería la de aquellos mercaderes que menciona Aristóteles entre los olivares soleados cuando los libros eran jóvenes y todo sucedía por primera vez?

## LA RELIGIÓN DE LA CULTURA

Alejandro desencadenó el vértigo de la globalización. Para enfrentarse al desconcierto, algunos griegos abrazaron credos orientales, rituales exóticos, filosofías salvadoras...

Con la esperanza de ser libres en un mundo sometido, otros decidieron dedicar sus energías a educarse, a modelar su interior como una estatua, como si fuera una obra de arte.

Era la estética de la existencia. Michel Foucault quedó fascinado por esta idea antigua cuando estudiaba a los griegos para su *Historia de la sexualidad*.

> ME LLAMA LA ATENCIÓN QUE EN NUESTRA SOCIEDAD EL ARTE SE HAYA CONVERTIDO EN ALGO QUE ATAÑE A LOS OBJETOS, Y NO A LA VIDA NI A LOS INDIVIDUOS.

> ¿POR QUÉ NO PUEDE UN SER HUMANO HACER DE SU VIDA UNA OBRA DE ARTE?

> ¿POR QUÉ UNA LÁMPARA O UNA CASA PUEDEN SER OBRAS DE ARTE Y NO PUEDE SERLO MI VIDA?

Los fieles de esta nueva religión de la cultura y el arte creían que, en la vida de ultratumba, las almas de los elegidos vivirían en praderas regadas por frescos manantiales donde habría teatros para los poetas, coros de danza, conciertos y coloquios alrededor de la mesa de eternos banquetes.

«Lo único que merece la pena es la educación. Los títulos nobiliarios son un bien de los antepasados. La riqueza es una dádiva de la suerte, que la quita y la da. La belleza es efímera; la salud, inconstante. La fuerza física cae presa de la enfermedad y la vejez. La instrucción es la única de nuestras cosas que es inmortal y divina. Solo la inteligencia rejuvenece con los años. Ni siquiera la guerra que, como un torrente, todo lo aniquila, puede arrebatarte lo que sabes».

Pseudo-Plutarco

## UN HOMBRE DE MEMORIA PRODIGIOSA Y UN GRUPO DE CHICAS VANGUARDISTAS

Érase una vez, en la Gran Biblioteca, un hombre de memoria prodigiosa. Leía los rollos día tras día. Las palabras se grababan en su mente, transformándola en un archivo mágico de todos los libros.

Se llamaba Aristófanes de Bizancio. Las arrugas de su frente sugerían las líneas de un texto indescifrable. Aquel hombre se parecía cada vez más a los libros que devoraba.

Cierta vez, en Alejandría, Aristófanes fue juez en un concurso de poesía. Al terminar exclamó:

*¡TODOS LOS CONCURSANTES, MENOS UNO, SON UNOS FARSANTES!*

Fue hasta la biblioteca y, utilizando solo su memoria, localizó algunos rollos. Allí estaban, palabra por palabra, los poemas que los tramposos habían saqueado.

Esta anécdota, relatada por Vitrubio, demuestra que el plagio y los escándalos son tan antiguos como los concursos literarios.

Con el tiempo, la memoria fabulosa de Aristófanes no sería suficiente para registrar el gran crecimiento de la Biblioteca. Llegaría el momento de dar paso a los catálogos y a los inventarios, imprescindibles para todo coleccionista que desee salvar su colección de su propio naufragio.

En la ópera *Don Giovanni*, Mozart y su libretista Da Ponte incluyeron la famosa «Aria del catálogo».

*ESTE ES EL CATÁLOGO DE LAS MUJERES QUE AMÓ MI SEÑOR: EN ITALIA, SEISCIENTAS CUARENTA; EN ALEMANIA, DOSCIENTAS TREINTA Y UNA; CIEN EN FRANCIA; EN TURQUÍA, NOVENTA Y UNA, ¡PERO EN ESPAÑA YA SON MIL TRES!*

Los Ptolomeos, como Don Juan, necesitaban una contabilidad de sus logros a medida que aumentaban. Las redes sociales son nuestros catálogos de conquistas. Llevan la cuenta del número de amigos y seguidores virtuales, de los «me gusta» que atesoramos.

Del gran catálogo se encargó en el siglo III a. C. el poeta Calímaco de Cirene, el primer cartógrafo de la literatura. Trazó un atlas de todos los escritores y todas las obras.

De cada autor, redactó una biografía brevísima y la lista de sus obras. El título iba seguido de la primera frase del texto para facilitar su identificación. Tomó la trascendental decisión de organizar la literatura por géneros y clasificar —ya para siempre— los libros en dos grandes territorios: el verso y la prosa.

El orden alfabético para archivar textos fue una gran idea de los sabios alejandrinos. Nosotros lo damos por hecho, pero es un invento que exigió una larga búsqueda y un momento de inspiración.

Silenciosamente, las bibliotecas han ido invadiendo el mundo.

No olvido la pequeña biblioteca de mi infancia en el Parque Grande.

Era como una casita sacada de un cuento. Mi padre y yo solíamos ir juntos en las largas tardes de julio.

Entraba y escogía un tebeo. Salía al parque abrazando mi tesoro, y buscaba un banco donde leerlo. Bebía los dibujos y las palabras mientras la tarde declinaba lentamente.

Cada *biblioteca* es única y, como alguien me dijo una vez, siempre se parece a *su bibliotecario*. Admiro a esas personas que confían en el futuro de los libros y en su capacidad de abolir el tiempo. Aconsejan y crean pretextos para que la mirada de un lector despierte las palabras dormidas, a veces durante años, de un ejemplar apilado en una estantería. Cada una de ellas es la capitana de un galeón cargado de tesoros.

Cuando las mujeres invadieron este reducto antes reservado solo a los hombres, se forjó la caricatura de la bibliotecaria solterona y antipática. Una mujer que trabajara entre libros solo podía lamentarse por el novio que nunca le puso un anillo en el dedo y su prole inexistente.

En la película *¡Qué bello es vivir!*, el protagonista, George Bailey, está al borde del suicidio en Nochebuena. Su ángel de la guarda le muestra cómo sería el mundo si no hubiera nacido, el triste destino de sus amigos y familiares. Al final, George pregunta por su mujer.

CLARENCE...

¿DÓNDE ESTÁ MARY?

NO... NO PUEDO DECÍRTELO... NO ME PIDAS ESO...

Fuera del cine, encontramos una realidad bien distinta. En la España de la República, por esos mismos años, las bibliotecarias eran chicas modernas, pioneras en las universidades españolas. Muchas serían después consideradas revolucionarias, como María Moliner, a quien el franquismo relegó a los sótanos del régimen, donde elaboró a solas su fantástico diccionario.

Las bibliotecas y los bibliotecarios han sufrido su propia historia de la infamia: ataques, censura, persecución. Pero lo más asombroso es el camino recorrido desde los aristocráticos orígenes orientales hasta las bibliotecas públicas de hoy, abiertas a todo el que quiera entrar a leer y aprender. Eso se parece a una utopía.

TEJEDORAS DE HISTORIAS

SOY SAFO, LA ÚNICA MUJER DEL CANON GRIEGO.

Me intrigan los versos que nunca leeremos de otras tantas escritoras olvidadas, porque para mí, el griego nació con voz de mujer.

Al principio, imaginaba profesores carismáticos, de esos que había visto en algunas películas.

Pilar Iranzo no encajaba en esa fantasía. Cuánto tardamos en reconocer a quienes nos van a cambiar la vida.

LO SIENTO, NO SOY ROBIN WILLIAMS...

Pronto, la sorprendente Pilar rompió las alambradas de mi escepticismo. Éramos un grupo pequeño que aprendía por contagio, por iluminación. De aquellos años recuerdo el placer del descubrimiento.

Se transformaba en Antígona, en Medea, y nos hacía sentir que las obras se habían escrito para nosotros. Gracias a Pilar, olvidamos el miedo a no entenderlas, y anexionamos un país extranjero a nuestro mundo interior.

Años después le agradecí aquella forma imprudente de enseñar, creyendo que merecíamos saber, compartiendo su manera íntima y misteriosa de escuchar las voces del pasado.

Paradójicamente, esa época que tanto nos fascinaba nos habría condenado a vivir en la sombra. Conversábamos sobre las escritoras perdidas y sus poemas nacidos en el silencio.

Nunca me lo habían contado: el primer autor del mundo que firmó un texto fue una mujer. Mil quinientos años antes de Homero, la poeta y sacerdotisa acadia Enheduanna inventó el yo literario. Escribió con orgullo: «Lo que yo he hecho nadie lo hizo antes».

Poderosa y audaz, participó en la política de su época, y sufrió por ello el castigo del exilio y la nostalgia.

> LA LITERATURA EMPIEZA CON MI VOZ. FIRMADO: ENHEDUANNA.

En su himno más íntimo y recordado, la diosa lunar la posee a medianoche y después Enheduanna da a luz versos que respiran. Antes que nadie, describe la creación como un parto de palabras, como un suceso mágico, erótico.

Este prometedor comienzo no tuvo continuación. Incluso la democracia ateniense se cimentó en la exclusión de todas las mujeres. Como decían en la serie *Sí, Ministro*:

> TENEMOS DERECHO A ELEGIR AL MEJOR HOMBRE PARA EL CARGO, AL MARGEN DE SU SEXO.

Pero existía un mundo más abierto en la costa de Anatolia y las islas del Egeo. La reina Artemisia fue comandante en jefe en la famosa batalla de Salamina.

Las mujeres griegas no podían llevar la vida libre de los bardos. A cambio, cobijaban sus recuerdos y emociones en poemas acompañados de la lira.

*poesía lírica*

DICEN ALGUNOS QUE NADA ES MÁS HERMOSO SOBRE LA NEGRA TIERRA QUE UN ESCUADRÓN DE JINETES, O DE INFANTES, O DE NAVES. PERO YO DIGO QUE LO MÁS BELLO ES LA PERSONA AMADA.

Aún así, de forma casi milagrosa, algunas mujeres como Safo fulminan con su original mirada los muros que las aprisionan.

Safo hubiera cantado lo mismo que Georges Brassens sobre su mala reputación...

CUANDO LA FIESTA NACIONAL, YO ME QUEDO EN LA CAMA IGUAL, QUE LA MÚSICA MILITAR NUNCA ME SUPO LEVANTAR.

LO MÁS BELLO ES LO QUE CADA UNO AMA.

Según Safo, quien ama inventa la *belleza*. Desear es un acto creativo. Ella ataviaba con su mirada, sus pasiones y sus versos el minúsculo mundo que la rodeaba.

Safo fue maestra de un grupo de chicas jóvenes, hijas de familias ilustres, en la isla de Lesbos. Sabemos que juntas componían poesía, hacían sacrificios a Afrodita, se acariciaban, cantaban y bailaban ajenas a los hombres. Se enamoró de algunas de ellas: los griegos creían que el amor era la principal fuerza educadora.

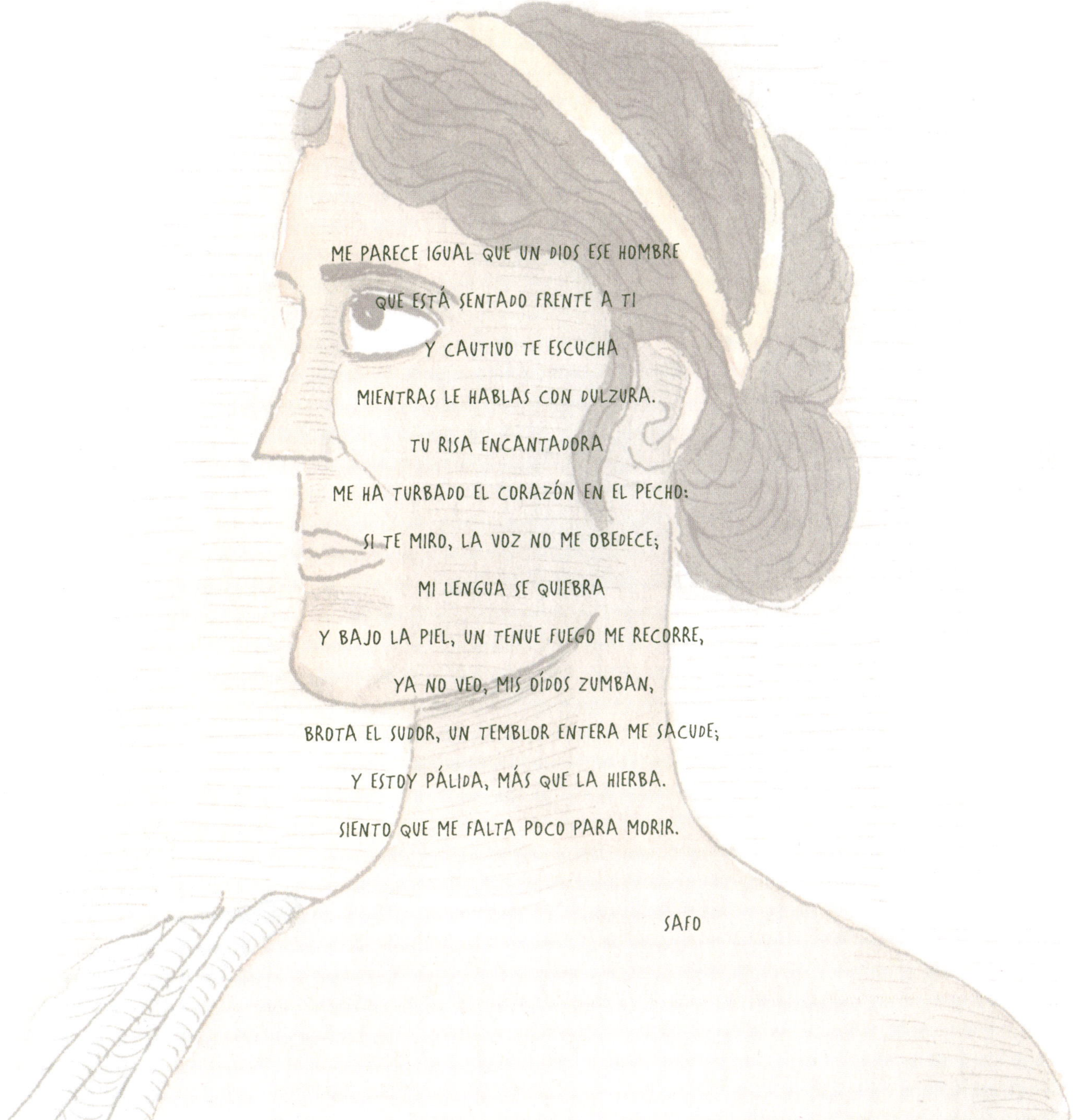

ME PARECE IGUAL QUE UN DIOS ESE HOMBRE

QUE ESTÁ SENTADO FRENTE A TI

Y CAUTIVO TE ESCUCHA

MIENTRAS LE HABLAS CON DULZURA.

TU RISA ENCANTADORA

ME HA TURBADO EL CORAZÓN EN EL PECHO:

SI TE MIRO, LA VOZ NO ME OBEDECE;

MI LENGUA SE QUIEBRA

Y BAJO LA PIEL, UN TENUE FUEGO ME RECORRE,

YA NO VEO, MIS OÍDOS ZUMBAN,

BROTA EL SUDOR, UN TEMBLOR ENTERA ME SACUDE;

Y ESTOY PÁLIDA, MÁS QUE LA HIERBA.

SIENTO QUE ME FALTA POCO PARA MORIR.

SAFO

El poema más conocido de Safo es el adiós a una joven amiga que abandona el grupo para casarse. Estos versos donde palpita el deseo han escandalizado a generaciones de lectores. Siglo tras siglo, Safo ha sufrido insultos, calumnias e incluso censura.

Quiero imaginar una revolución femenina que ningún libro de historia menciona. Las hetairas, prostitutas de lujo, eran las únicas mujeres libres de la Atenas clásica. Emigrantes llegadas de otras ciudades, educadas y cultas, tenían acceso a los círculos políticos y artísticos gracias a sus amantes. Cuando un enamoramiento transgresor sacudió las esferas del poder, ellas alzaron su voz.

Pericles, el político más poderoso de Atenas, rompió su matrimonio para unirse con Aspasia, una hetaira extranjera y sin pedigrí, por un motivo ridículo: el amor. En un mundo donde los casamientos eran alianzas económicas entre familias, Aspasia padeció desprecios, insultos y hasta un juicio.

Según Plutarco, muchos contemplaban indignados cómo «al volver del ágora, cada día la abrazaba y besaba dulcemente». Esa exhibición de deseo conyugal era, en la Atenas del momento, una escandalosa inmoralidad.

CONCUBINA CON CARA DE PERRA.

MUJER DE BURDEL.

¡IMPÚDICA!

Sócrates llamaba «maestra» a Aspasia y disfrutaba de su brillante conversación. Según Platón, era una gran oradora en la sombra que escribía los discursos políticos de su marido, Pericles, en apasionada defensa de la democracia. Kennedy y Obama se inspiraron en las palabras de esta mujer libre, hetaira, rebelde y migrante.

En esas décadas doradas de Atenas, el teatro y la filosofía debaten la extravagante idea de la emancipación femenina. Desde los escenarios, la osada Antígona desafía la ley injusta de un tirano en nombre de los principios humanitarios.

En plena guerra, Lisístrata se alía con las mujeres del bando enemigo para organizar una huelga sexual hasta que se firme la paz.

En otra obra, Praxágora suplanta a los hombres en la asamblea, y con los votos femeninos instaura un régimen comunista e igualitario.

Pero nadie llega más lejos que la Medea de Eurípides. Imagino al público de hombres que llenaba el teatro la mañana del estreno, en el año 431 a. C.

Vieron lo innombrable: una madre asesinando a sus hijos para vengarse del marido que la ha abandonado y condenado al exilio.

Oyeron hablar por primera vez de la furia y la angustia que anidaba en los hogares atenienses.

LAS MUJERES SOMOS EL SER MÁS DESGRACIADO. TENEMOS QUE PAGAR LA DOTE PARA COMPRAR UN ESPOSO QUE SERÁ AMO DE NUESTRO CUERPO. Y ESE ES EL PEOR DE LOS MALES.

EL HOMBRE, POBRECILLO, HA DE IR A BATIRSE A LA GUERRA. PREFERIRÍA LIBRAR TRES GUERRAS ANTES QUE PARIR UNA SOLA VEZ.

Contagiadas por Medea, las mujeres del coro perdían el miedo.

NOSOTRAS TAMBIÉN TENEMOS SABIDURÍA.

Una de ellas se atreve a decir que las mujeres no deben quedar excluidas de la filosofía, la política y los debates.

Para rizar el rizo, todos los personajes femeninos eran representados por hombres travestidos con pelucas y zapatos con plataforma.

Paradojas de la historia, en Grecia inventaron las *drag queens* pero ninguna mujer podía ser actriz.

El teatro siempre ha sido un escenario de discusión colectiva. Las comedias y las tragedias traslucían los conflictos más candentes. Buscaban inspiración en el ágora y en las calles para llevar a escena las inquietudes del momento.

Quiero imaginar que las ideas nuevas flotaban en el aire, y que Antígona, Lisístrata, Praxágora y Medea eran reflejo de mujeres reales.

Platón no era un apóstol de la igualdad: afirmó que nacer mujer es una condena. Resulta increíble que después escribiera estas líneas en su *República*:

> LAS DOTES NATURALES ESTÁN DISTRIBUIDAS POR IGUAL ENTRE HOMBRES Y MUJERES. Y LA MUJER PARTICIPA POR NATURALEZA DE TODOS LOS OFICIOS, COMO EL HOMBRE.

La discípula más transgresora de Aspasia fue una filósofa llamada Hiparquia. Célebre por dinamitar todas las convenciones, renunció a la fortuna familiar, vistió harapos y vivió en la calle, donde retozaba con su amante Crates.

> ¿ABANDONASTE LAS LABORES DEL HOGAR, DESVERGONZADA?

> ASÍ ES. ¿TE PARECE QUE ME EQUIVOCO DEDICANDO A MI PROPIA EDUCACIÓN EL TIEMPO QUE EMPLEARÍA EN EL TELAR?

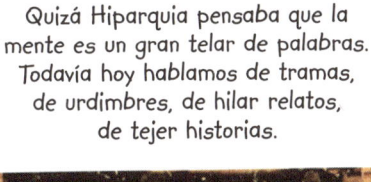

Quizá Hiparquia pensaba que la mente es un gran telar de palabras. Todavía hoy hablamos de tramas, de urdimbres, de hilar relatos, de tejer historias.

Siglo tras siglo, seguimos devanando las leyendas que los griegos nos contaron. En el *Ulises* de Joyce, Molly Bloom, una deslenguada Penélope, expone su versión del mito en una frase sin puntuación de más de noventa páginas.

La última palabra de la novela es suya. Es la palabra «Sí». Penélope puede desplegar al fin un erotismo rotundo, afirmativo:

> ... PRIMERO LE RODEÉ CON LOS BRAZOS SÍ Y LE ATRAJE ENCIMA DE MÍ PARA QUE OLIERA MIS PECHOS TODOS PERFUME SÍ Y EL CORAZÓN LE CORRÍA COMO LOCO Y SÍ DIJE SÍ QUIERO SÍ.

> TAMBIÉN LAS ESCRITORAS RENUEVAN LOS MITOS. NOS CONTARON QUE LAS SIRENAS ATRAÍAN A LOS HOMBRES CON EL HECHIZO DE SU VOZ, PERO SEGÚN MARGARET ATWOOD NO HACE FALTA MAGIA ALGUNA: BASTA CON HALAGAR SU VANIDAD.

> ESTA CANCIÓN ES UN GRITO DE AYUDA: ERES ÚNICO, AYÚDAME, ¡SÁLVAME!

> LO SÉ: ES UNA CANCIÓN ABURRIDA... PERO FUNCIONA SIEMPRE.

## ES EL OTRO QUIEN ME CUENTA MI HISTORIA

En los escenarios de Atenas, las tragedias provocaban la misma adicción que las actuales series y sagas. En ellas convivían las hermosas palabras con las armas ensangrentadas. Contaban casi siempre mitos del pasado, con una excepción: *Los persas* de Esquilo, que recrea una guerra aún fresca en la memoria.

Esquilo luchó en varias batallas contra los persas; en una de ellas, en Maratón, perdió a su hermano. La guerra era entonces un combate cuerpo a cuerpo. Los combatientes se miraban a los ojos mientras intentaban matarse y hundían con fuerza lanzas y espadas en la carne del enemigo.

El poeta toma una decisión inesperada y adopta en la obra el punto de vista de los derrotados. Pero lo más sorprendente es que no se detecta ni rastro de odio hacia el enemigo que ha intentado destruir Grecia y ha asesinado a su hermano. Y así, entre el duelo, las cicatrices y el afán de comprender al extraño, empieza la historia conocida del teatro.

> ¿POR QUÉ EUROPA Y ASIA VIVEN ENFRENTADOS DESDE TIEMPOS INMEMORIALES?

Os presento a Heródoto, un viajero infatigable que dedicó su vida a intentar comprender al enemigo para poder escribir un relato del mundo conocido.

En sus *Historias* intenta derribar los prejuicios de sus compatriotas, enseñándoles que la frontera entre civilización y barbarie no es geográfica, sino moral; está dentro de cada pueblo e individuo. La historia occidental nace adoptando el punto de vista extranjero, la mirada del gran desconocido. Es un planteamiento profundamente revolucionario.

Heródoto encuentra en la mitología claves del conflicto originario entre continentes. Más allá de los adornos fantasiosos, Ío, Europa, Medea y Helena habrían sido secuestradas y convertidas en mercancía. Según su relato, en una cadena de ataques y venganzas, siempre con mujeres como víctimas, estalló la guerra y la enemistad incurable entre Asia y Europa.

El mujeriego Zeus, harto de su infeliz matrimonio, decide concederse una aventura con una humana. En algún lugar de la costa fenicia, el dios toma la apariencia de un toro blanco como la nieve.

La joven Europa se fija en el resplandeciente animal y lo contempla pastar tranquilo cerca del mar. Empieza la *seducción*: el toro besa las manos de la chica con su blanco hocico, salta, le ofrece la tripa para que se la acaricie. Ella se ríe, pierde el miedo, le sigue el juego.

Por el placer de desobedecer a sus viejas criadas, que le hacen señas y advertencias, se monta sobre el lomo del toro. En cuanto siente los muslos de la joven en sus costados, el dios corre hacia el mar, y galopa, sin inmutarse, sobre las aguas. Europa, aterrorizada, vuelve la mirada hacia a la playa. Su túnica ligera ondea con el soplo del viento. Nunca más volverá a ver su casa ni su ciudad.

El galope de Zeus sobre las aguas la conduce a la isla de Creta, donde los hijos de ambos forjarán la deslumbrante civilización de los palacios, del laberinto, del amenazador Minotauro y de las luminosas pinturas que los turistas actuales, vomitados por los cruceros, van a fotografiar entre las ruinas de Cnosos.

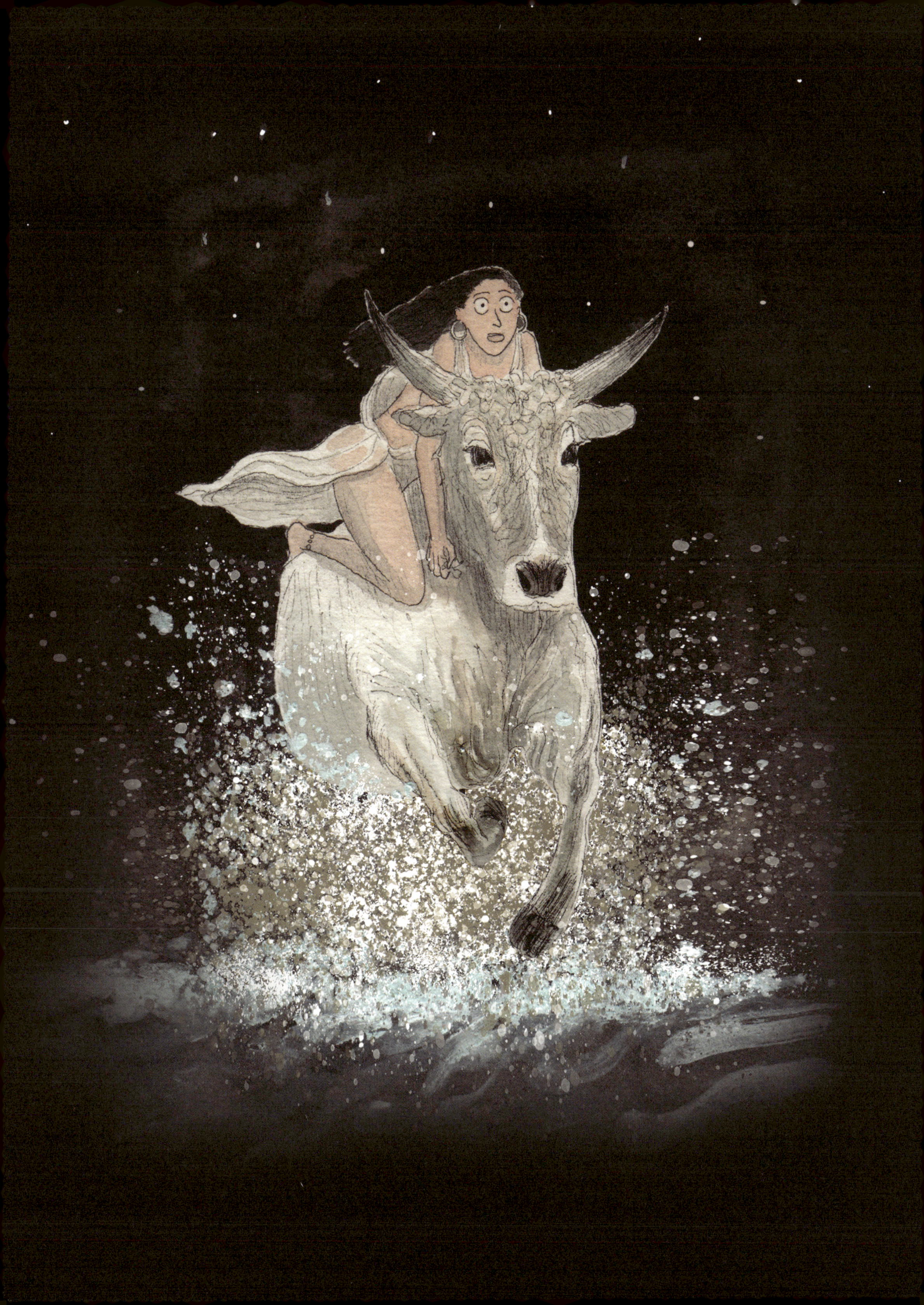

El fenicio Cadmo, hermano de Europa, recorre toda Grecia buscando a la joven secuestrada. Grita su nombre hasta que este queda tallado en las rocas, los olivares y los trigales. La leyenda cuenta que fue Cadmo quien enseñó a escribir a los griegos. La sabiduría y la prosperidad residía entonces entre los ríos Tigris y Nilo. En esa época, aquello que llamaríamos Europa era un oscuro territorio salvaje, el lejano oeste.

Aunque nunca existió, mi imaginación dibuja a aquella joven que dio nombre a un continente. Tendría seguramente los rasgos de una joven fenicia —hoy, Siria y Líbano—, piel oscura y facciones pronunciadas. Paradójicamente, su aspecto causaría ahora recelos entre esos europeos que miran con desprecio las oleadas de refugiados. La leyenda del rapto de Europa es un símbolo del viaje del conocimiento y la belleza oriental desde el Creciente Fértil hacia Occidente y, en particular, de la llegada del alfabeto fenicio a tierras griegas. Europa nació al acoger las letras, los libros, la memoria. Su existencia misma está en deuda con la sabiduría secuestrada de Oriente. Recordemos que hubo un tiempo en el que, oficialmente, los bárbaros éramos nosotros.

A mediados de los años cincuenta, en una Europa dividida por el telón de acero, viajar más allá de los territorios aliados era muy difícil. En 1955, el periodista polaco Ryszard Kapuściński anhelaba «cruzar la frontera», conocer el otro lado.

Lo enviaron como corresponsal a la India. Las *Historias* de Heródoto le acompañarían siempre en su largo deambular internacional. Décadas después, escribió su maravilloso *Viajes con Heródoto* en homenaje al viejo maestro, su alma gemela.

Kapuściński vio en Heródoto, con su curiosidad inagotable, al primer periodista. Cuando recorría tierras remotas, el viajero griego conversaba con la gente para entender y encontrar respuestas. Necesitamos conocer culturas alejadas y diferentes: es el otro quien me cuenta mi historia, el que me dice quién soy yo.

Heródoto escribía fascinado por los sistemas políticos y las costumbres de cada cultura. Advirtió que los pueblos tenemos en común algo que inevitablemente nos enfrenta: la tendencia a creernos mejores que el otro. Todos estamos muy dispuestos a considerarnos superiores. En eso somos iguales.

Las *Historias* de Heródoto fueron uno de los primeros mamotretos que conocemos. Ocupaban nueve grandes rollos de papiro. Para acarrearlos en cajas diseñadas como fundas de libros era necesario un esclavo porteador. Es un milagro colectivo que una obra tan extensa haya llegado hasta nosotros bordeando el desfiladero de los siglos.

## EL DRAMA DE LA RISA Y NUESTRA DEUDA CON LOS VERTEDEROS

Una serie de crímenes sobrecogedores se suceden entre los muros de una abadía medieval. El rastro de esas muertes conduce hasta un manuscrito por el que los monjes están dispuestos a morir y matar.

En *El nombre de la rosa*, Umberto Eco sustituye a la *femme fatale* por un libro que tienta, pervierte y mata a quien osa leerlo.

Cuando el investigador, Guillermo de Baskerville, une las piezas del rompecabezas, averiguamos que se trata de un ensayo perdido de Aristóteles que nunca leeremos: un tratado sobre la comedia.

El final es una de esas típicas peroratas del asesino en serie que, en lugar de liquidar al detective y ganar la partida, prefiere alardear estúpidamente de inteligencia.

ESTE LIBRO ELEVA LA RISA A ARTE Y A PÉRFIDA TEOLOGÍA, ENSEÑA A LIBERARSE DEL MIEDO. EN LA FIESTA DE LOS TONTOS, TAMBIÉN EL DIABLO PARECE TONTO Y POR TANTO CONTROLABLE.

CUANDO RÍE, MIENTRAS EL VINO GORGOTEA EN SU GARGANTA, EL ALDEANO SE SIENTE AMO.

DE ESTE LIBRO PODRÍA SALTAR LA CHISPA LUCIFERINA QUE INCENDIARÍA TODO EL MUNDO. SI ALGÚN DÍA EL ARTE DE LA RISA LLEGARA A SER ACEPTABLE... NO TENDRÍAMOS ARMAS PARA DETENER LA BLASFEMIA Y TRIUNFARÍAN LAS FUERZAS OSCURAS DE LA MATERIA CORPORAL...

¡Y ENTONCES EL PEDO Y EL ERUCTO SE ARROGARÍAN EL DERECHO DE SOPLAR DONDE QUIERAN!

La risa siempre ha tenido menos prestigio que la seriedad. Todavía hoy, es raro que una comedia gane un Óscar. La alta cultura rechaza el humor y arruga el ceño con desconfianza.

> EL TRIUNFO DE LA SERIEDAD ES MUY RECIENTE. LA RISA PREDOMINÓ DURANTE CIENTOS DE MILES DE AÑOS.

Luis Beltrán, investigador en serio.

El teórico ruso Mijaíl Bajtín escribió que nuestros antepasados celebraban juntos sus fiestas en una feliz confusión. Los carnavales son un eco de aquella igualdad originaria, antes de que las civilizaciones agrícolas creasen las jerarquías. El poder necesita la seriedad.

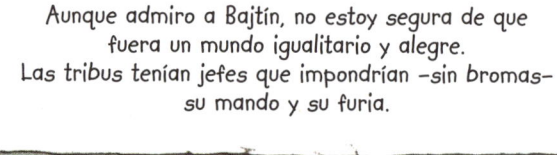

Aunque admiro a Bajtín, no estoy segura de que fuera un mundo igualitario y alegre. Las tribus tenían jefes que impondrían -sin bromas- su mando y su furia.

Sí es cierto que el humor puede ser rebelde y denunciar los abusos de los poderosos. Aristófanes, como Chaplin, encarna esa risa disidente.

> ¡UY! ¿DE VERDAD ME PAREZCO A ESTE SEÑOR?

A los dos les interesa la gente corriente -sus héroes nunca son aristócratas- y ambos tuvieron problemas con la justicia. Charlot ridiculiza con descaro a ricachones, engolados militares o al mismísimo Hitler.

... una huelga sexual, se burlan del dios de la riqueza, ocupan la asamblea, caricaturizan la política o ridiculizan a Sócrates por tener la cabeza en las nubes. En Atenas se practicaba el deporte intemporal del cotilleo y los chismes. Incluso bromean con nombre y apellidos a costa de los espectadores, satirizados desde el escenario entre carcajadas. Las criaturas de Aristófanes intentan ac...

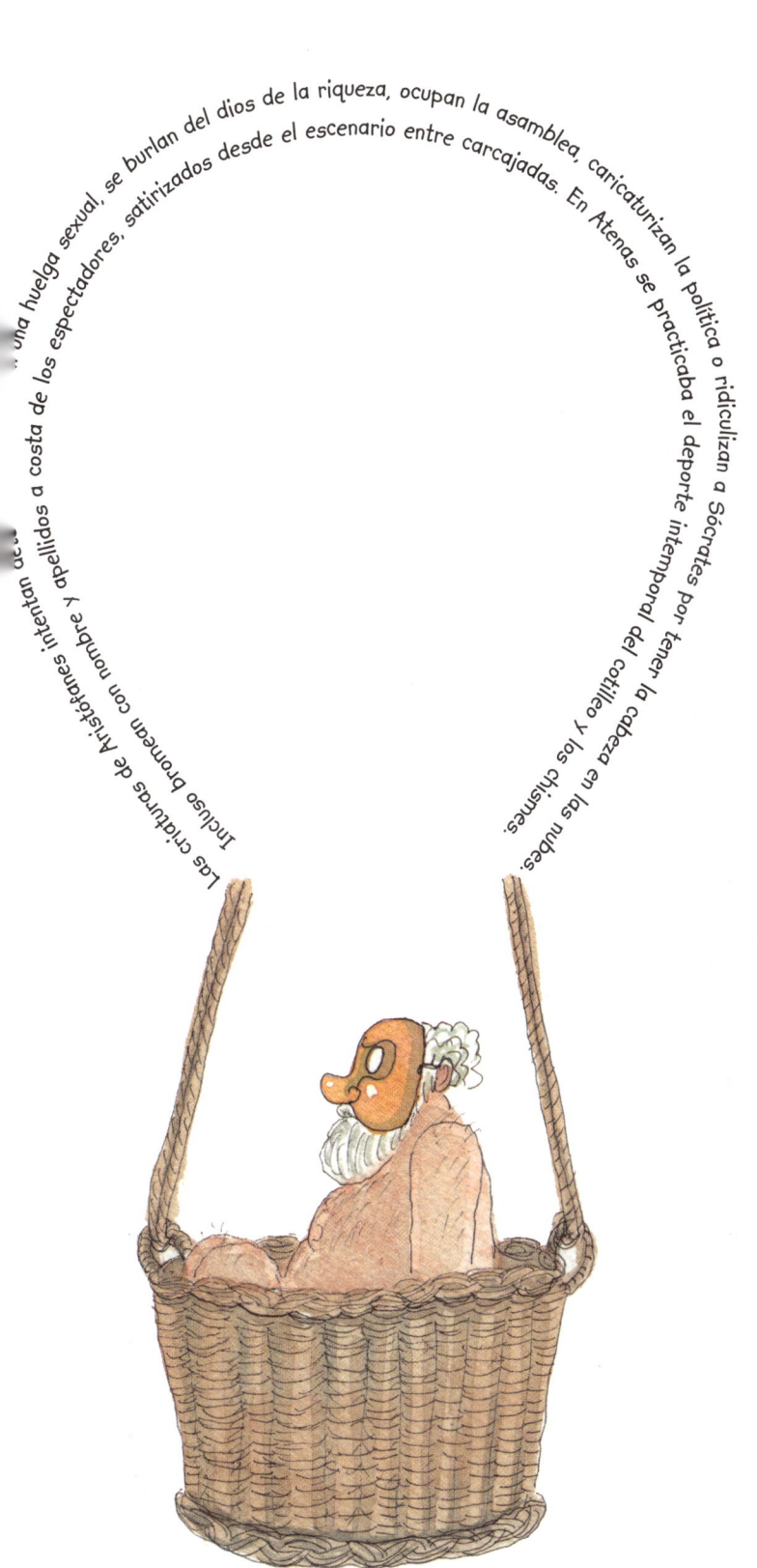

En la siguiente generación, cuando la democracia fue derribada y los sucesores de Alejandro tomaron el poder, se acabaron las bromas irreverentes. Nació la comedia nueva, costumbrista y convencional. Menandro no escribía sobre política, sino acerca de jóvenes con ganas de juerga, putas y padres engañados.

La sociedad se volvió más puritana y, con el tiempo, incluso la inmoralidad de aquellos textos se consideró ofensiva. Las palabras de Menandro, lentamente censuradas, se perdieron. Esta es la paradoja y el drama de la risa: la mejor es aquella que tarde o temprano encuentra enemigos.

## UNA APASIONADA RELACIÓN CON LAS PALABRAS

En los antiguos vertederos se han podido recuperar escritos de la vida cotidiana de hace dos mil años. Gracias a ellos descubrimos que un buen número de griegos –gente corriente– sabían leer y escribir.

Y además leían por placer...

«ENVÍAME LIBROS PARA TENER ALGO QUE NOS AYUDE A PASAR EL RATO».

En esos pedazos de papiros manuscritos podemos vislumbrar los gustos literarios de nuestros antepasados lectores. Sabemos que los poetas preferidos eran Homero y, después, Eurípides.

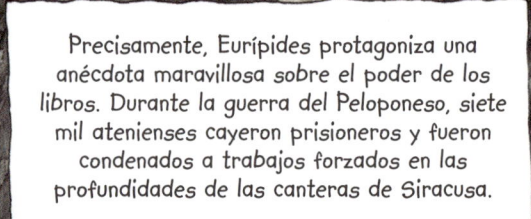

Precisamente, Eurípides protagoniza una anécdota maravillosa sobre el poder de los libros. Durante la guerra del Peloponeso, siete mil atenienses cayeron prisioneros y fueron condenados a trabajos forzados en las profundidades de las canteras de Siracusa.

106

Plutarco cuenta que a los siracusanos les gustaba tanto la poesía que, si encontraban algún preso capaz de recitar de memoria a Eurípides, le perdonaban la vida y lo liberaban.

GRACIAS, EURÍPIDES, ¡TUS VERSOS ME HAN SALVADO!

Los niños aprendían a leer y escribir copiando bellos versos de Eurípides que apenas entendían.

«BÁLSAMO PRECIOSO DEL SUEÑO, ALIVIO DE LOS MALES VEN A MÍ».

«NO DESPERDICIES LÁGRIMAS FRESCAS EN DOLORES PASADOS».

...

Un caso especialmente conmovedor es el de una momia femenina enterrada con un rollo de papiro que contiene un canto muy hermoso de la *Ilíada*.

Aquella lectora entusiasta quiso conservar un libro con las palabras aladas de Homero más allá del río del olvido, allí donde viven los muertos.

Demóstenes quedó huérfano y sin dinero a los siete años. Los chicos del barrio se reían de él por su aspecto enclenque y delicado. Lo apodaban *bátalo*, es decir, «maricón». Además, era tartamudo.

Venció sus problemas con sádica disciplina. Hablaba con guijarros en la boca.

Recitaba versos corriendo para fortalecer sus pulmones.

Ensayaba frente a un espejo como Robert de Niro en *Taxi Driver*.

Pobre, huérfano, tartamudo y humillado, años después se convertiría en la estrella de los diez legendarios oradores áticos, el más famoso de todos los tiempos.

Harper Lee imaginó al abogado protagonista de *Matar a un ruiseñor* con el nombre de Atticus Finch, un guiño a los oradores áticos del canon clásico.

Otro de los diez, Antifonte, fue pionero del psicoanálisis y las terapias de la palabra. Abrió un local en Corinto y colocó el rótulo: «Puedo consolar a los tristes con discursos adecuados».

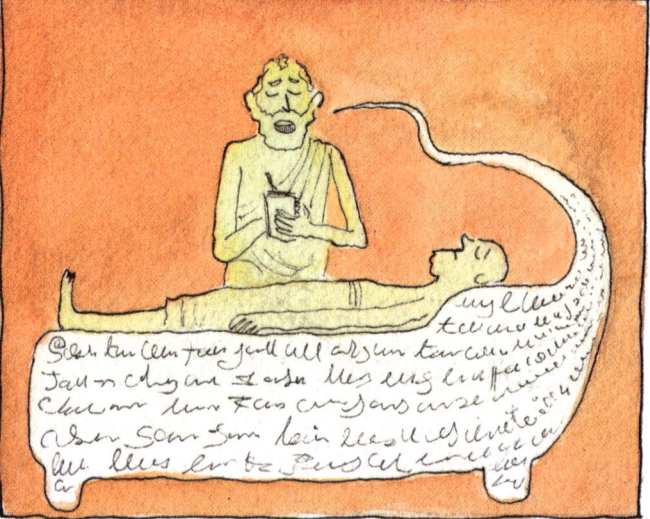

Aplicaba el diálogo exploratorio: escuchar a quien sufre hasta que, poco a poco, emergen los motivos de su pena. A veces, buscando las palabras se encuentra el remedio.

Seducidos por la belleza de las palabras, los griegos inauguraron el género de la conferencia. Allí empieza la ruta hasta nuestras TED Talks, y el multimillonario negocio de los expresidentes conferenciantes.

LA PALABRA ES UN PODEROSO SOBERANO. CON UN CUERPO INVISIBLE, QUITA EL MIEDO, INFUNDE ALEGRÍA Y AUMENTA LA COMPASIÓN. POR CIERTO, SOY GORGIAS.

El eco de estas ideas resuena en una de las frases más bellas del Evangelio.

UNA PALABRA TUYA BASTARÁ PARA SANARME.

Aquella pasión por el lenguaje tuvo su contrapartida, pues proliferaron los artistas de la elocuencia pedante y la palabrería vacía.

Algunos autores, describiendo sus emociones más íntimas, sucumbían a la tentación ridícula de las figuras de estilo y el ornamento retórico.

Y la magia se rompía.

Desde entonces, nuestra fe en las recetas para la vida ha dado de comer a muchos charlatanes de la retórica.

DIEZ FÓRMULAS PARA SALVAR NUESTRO MATRIMONIO

DIEZ CLAVES PARA SER BUENOS PADRES

DIEZ FRASES BRILLANTES PARA ACABAR UN CAPÍTULO

Este, por desgracia, no lo compré.

En 2011, reeditaron *Las aventuras de Huckleberry Finn* y otras novelas de Mark Twain, pero eliminaron del texto original la palabra *nigger* –«negrata»–. Algunas personas consideraban que ese lenguaje –tan habitual en otros tiempos– debía borrarse del libro –y, por tanto, de la historia–.

Una legión de padres, angustiados por los traumas que los hermanos Grimm o Andersen pueden ocasionar a sus hijos, prefieren las edulcoradas adaptaciones de Disney a los cuentos originales, tan crueles, violentos, patriarcales y trasnochados.

El humorista James Finn Garner publicó sus *Cuentos de hadas políticamente correctos*, deliciosamente sarcásticos.

ÉRASE UNA VEZ UNA PERSONA DE CORTA EDAD LLAMADA CAPERUCITA ROJA QUE VIVÍA CON SU MADRE. UN DÍA, LE PIDIÓ QUE LLEVASE UNA CESTA CON FRUTA FRESCA Y AGUA MINERAL A CASA DE SU ABUELA...

... PERO NO PORQUE LO CONSIDERARA UNA LABOR PROPIA DE MUJERES, ATENCIÓN, SINO POR SER UN ACTO GENEROSO QUE CONTRIBUYE A AFIANZAR EL SENTIDO DE COMUNIDAD.

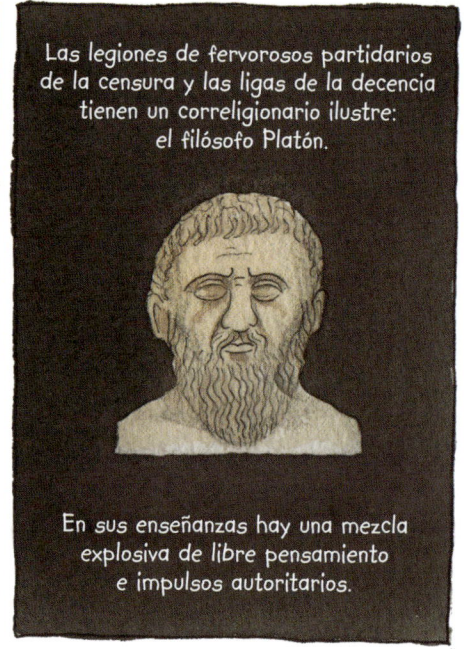

Las legiones de fervorosos partidarios de la censura y las ligas de la decencia tienen un correligionario ilustre: el filósofo Platón.

En sus enseñanzas hay una mezcla explosiva de libre pensamiento e impulsos autoritarios.

En el mito de la caverna, unos cautivos están encadenados de espaldas a una hoguera. Solo pueden ver las sombras proyectadas sobre las paredes, y esas sombras son su única realidad.

Uno de los prisioneros logra liberarse y huye al mundo que se extiende más allá de las hipnóticas proyecciones de la cueva.

110

El mito de la caverna, narrado por Platón en *La República*, es una bellísima invitación a dudar, a no conformarse con las apariencias, a abandonar los prejuicios para mirar la realidad cara a cara. Sin embargo, la misma utopía platónica defiende también una rígida censura sobre lo que leen los jóvenes y la música que pueden escuchar. Llegó a proponer una policía poética para vigilar la nueva literatura.

Así ocurre en *1984*, distopía totalitaria donde George Orwell imagina un Departamento de Ficción con máquinas que escriben novelas según las directrices ministeriales.

BIG BROT[HER] IS WATCH[ING]

Y plantean el gran proyecto de reescribir toda la literatura del pasado.

ESTÁ PREVISTO QUE ESTA TAREA ACABE EN EL 2050. PARA ENTONCES, CHAUCER, SHAKESPEARE, MILTON, BYRON... SOLO EXISTIRÁN EN VERSIONES NEOLINGÜÍSTICAS, CONVERTIDOS EN LO CONTRARIO DE LO QUE ERAN. NO HABRÁ PENSAMIENTO EN EL SENTIDO EN QUE AHORA LO ENTENDEMOS. LA ORTODOXIA SIGNIFICA NO PENSAR, NO NECESITAR EL PENSAMIENTO.

NUESTRA ORTODOXIA ES LA INCONSCIENCIA.

Hoy, el desafío sigue en el aire. Al eliminar la palabra «nigger» nos perdemos una enseñanza esencial: hubo un tiempo en el que muchos llamaban «negratas» a sus esclavos y, debido a esa opresión, la palabra se ha convertido en tabú.

QUIEN LEE LIBROS EDIFICANTES SIGUE UN CAMINO SEGURO, PERO SIN ESPERANZA. SI ALGUNA VEZ LEYERA UNA BUENA NOVELA, SABRÍA QUE LE ESTÁ SUCEDIENDO ALGO.

Flannery O'Connor

Sentir cierta incomodidad es parte de la experiencia de leer un libro; hay mucha más pedagogía en la inquietud que en el alivio. Si aplicamos la cirugía estética a la literatura del pasado, dejará de explicarnos el mundo.

## EL VENENO DE LOS LIBROS. SU FRAGILIDAD

En un breve poema, el bibliotecario Calímaco menciona el suicidio de un joven que, tras leer un tratado de Platón, *se lanzó al vacío.*

Se trataba del *Fedón*, donde el filósofo relata las reflexiones de Sócrates antes de beber la cicuta. En sus últimas horas, el maestro afirma que solo alcanzamos la plenitud de la sabiduría tras la muerte. Quizás el joven lector lo tomó al pie de la letra.

No sabemos si fue un caso aislado o si el *Fedón* sembró un reguero de suicidios parecido al de *Los sufrimientos del joven Werther* siglos más tarde. En algunos países prohibieron la novela de Goethe por motivos de salud pública, ya que muchos jóvenes con penas de amor se descerrajaron un tiro imitando al protagonista.

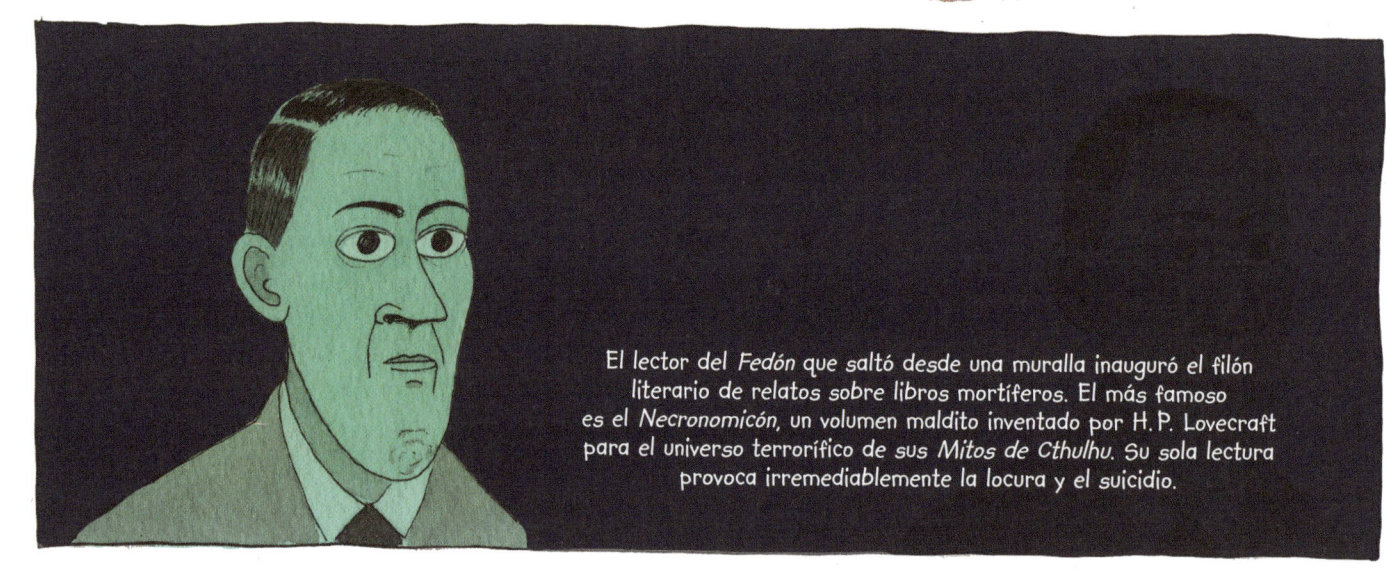

El lector del *Fedón* que saltó desde una muralla inauguró el filón literario de relatos sobre libros mortíferos. El más famoso es el *Necronomicón*, un volumen maldito inventado por H. P. Lovecraft para el universo terrorífico de sus *Mitos de Cthulhu*. Su sola lectura provoca irremediablemente la locura y el suicidio.

No conocemos el contenido del *Necronomicón*: nadie ha sobrevivido para revelarlo. Pero ese libro maldito ha generado tanta fascinación que algunos anticuarios estafadores han puesto a la venta ejemplares falsos para lectores incautos.

Según Lovecraft, una traducción al latín del libro sacrílego se imprimió en la España del siglo XVII. Subsistieron cuatro ejemplares repartidos por el mundo. Seguidores bromistas han falsificado fichas para catálogos de bibliotecas atribuyendo su procedencia a la ciudad de Toledo.

Allí donde aflora un presunto ejemplar, se disparan las peticiones de préstamo.

Otra faceta de la muerte lectora son los libros envenenados. Su aparición más antigua se remonta a *Las mil y una noches*.

Sherezade describe el asesinato del rey Yunán, quien recibe como regalo un libro impregnado con veneno, sin saber que morirá con solo llevarse el dedo a la boca para pasar las páginas.

Cuando el detective franciscano de *El nombre de la rosa* resuelve el misterio de los crímenes, no puede evitar sentir admiración por el asesino.

LA VÍCTIMA SE ENVENENA SOLA, JUSTO EN LA MEDIDA QUE QUIERE LEER...

Por desgracia, en el mundo real hay libros homicidas: los libros-bomba. La Casa Blanca recibe y desactiva cientos de ellos cada año. Muchos empleados de correos, secretarios, porteros y periodistas han muerto en todo el mundo a causa de estas lecturas criminales.

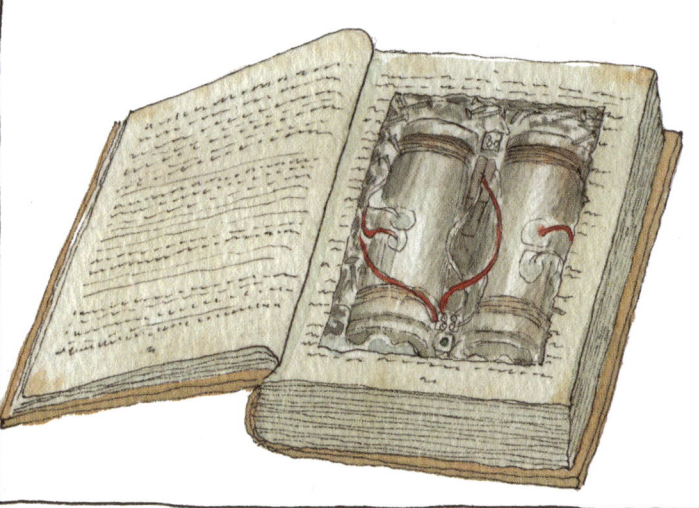

Al parecer, los terroristas prefieren ciertos autores y títulos. El *Quijote* figura entre los más recomendados. El expresidente de la Comisión Europea, Romano Prodi, estuvo a punto de morir al abrir un ejemplar bomba de *El placer*, de Gabriele D'Annunzio.

Los políticos y los altos cargos que no leen están más protegidos.

## LAS TRES DESTRUCCIONES DE LA BIBLIOTECA DE ALEJANDRÍA

Cleopatra fue la última reina de Egipto, y la más joven. Para gobernar, debía cumplir un insignificante requisito tradicional: casarse con su hermano Ptolomeo, como Isis con Osiris. El niño tenía solo 10 años, pero no fue un matrimonio bien avenido. Cleopatra terminó derrocada y desterrada bajo pena de muerte.

Ese mismo año, Julio César llegó a Alejandría. Roma era ya una gran potencia, y Cleopatra comprendió que necesitaba el apoyo de César para volver a reinar.

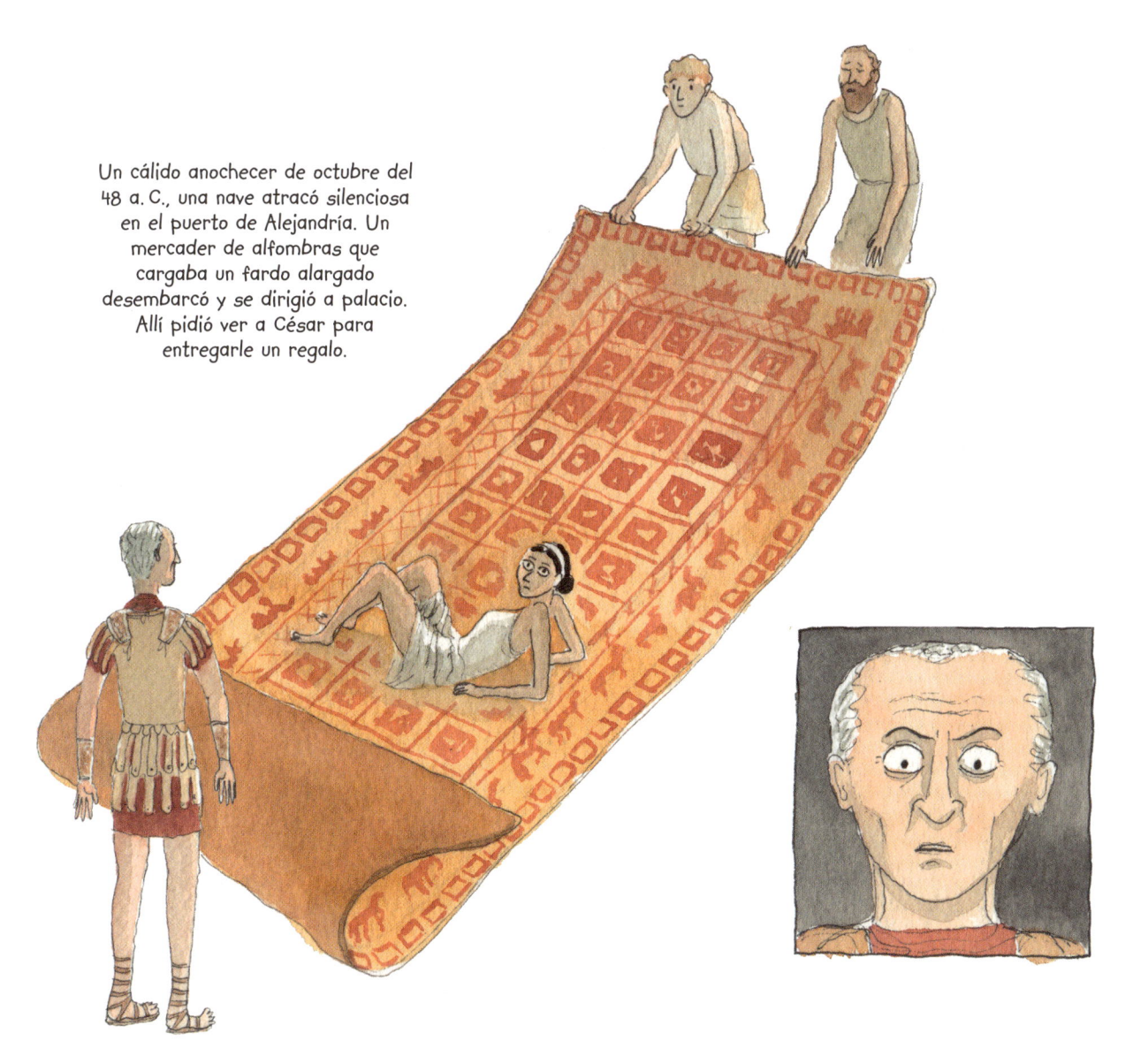

Un cálido anochecer de octubre del 48 a. C., una nave atracó silenciosa en el puerto de Alejandría. Un mercader de alfombras que cargaba un fardo alargado desembarcó y se dirigió a palacio. Allí pidió ver a César para entregarle un regalo.

Esa misma noche Cleopatra llegó, vio y sedujo. César quedó fascinado por la audacia de esa joven de 21 años dispuesta a jugarse la vida. Protegida por su poderoso amante —treinta años mayor—, la reina recuperó la corona. Sin embargo, el faraón niño, destronado y despechado, tramó una revuelta contra los romanos.

Los sitiadores atacaban desde mar y tierra, y los hombres de César contratacaban lanzando antorchas que incendiaban los barcos.

César ganó y el niño Ptolomeo XIII se ahogó oportunamente en el Nilo, pero Plutarco cuenta que el fuego alcanzó la Gran Biblioteca y la redujo a cenizas.

Aquel supuesto incendio de la Biblioteca sigue siendo hoy una incógnita. Ningún otro autor lo menciona, salvo Séneca: «Ardieron en Alejandría cuarenta mil rollos». Las llamas podrían haber devorado unos almacenes del puerto que albergaban miles de libros, quizás nuevas adquisiciones del Museo. Tal vez este gran incendio de la Biblioteca sea solo un recuerdo inventado mucho tiempo después. Un símbolo del ocaso de una ciudad, de un imperio, de una dinastía que comenzó con el sueño de Alejandro y acabó con la derrota de Cleopatra.

Me gusta pensar que el posapocalíptico *País de las últimas cosas* de Paul Auster rememora aquel ocaso. La protagonista, Anna Blume, viaja a una ciudad sin nombre cuyas calles —Boulevard Ptolomeo, Carretera de las Pirámides— evocan una Alejandría saqueada y fantasmal. Un día, desemboca por azar en la asolada Biblioteca Nacional. Entre sus ruinas encuentra una pequeña comunidad de sabios perseguidos, protectores del último caudal de palabras, ideas y libros.

De repente, una durísima ola de frío pone en peligro a los refugiados de la Biblioteca. Para sobrevivir, se ven obligados a quemar libros en la estufa de hierro. «El mundo al que pertenecían esos libros había terminado».

Imagino a los eruditos de esa Biblioteca devastada contemplando con espanto cómo ardían sus tesoros, víctimas de un brote de humor negro nihilista. Inmediatamente, pienso en Bajtín –el gran teórico de la risa– durante el cerco nazi a Leningrado. William Hurt cuenta la anécdota en la fascinante película *Smoke*, cuyo guión escribió el mismo Paul Auster.

ES EN 1942, ¿VALE? ESTÁ ATRAPADO EN LENINGRADO DURANTE EL ASEDIO. ES UNO DE LOS PEORES MOMENTOS DE LA HISTORIA DE LA HUMANIDAD.

Y AHÍ ESTÁ BAJTÍN, ESCONDIDO EN UN APARTAMENTO ESPERANDO A QUE LO MATEN. TIENE MUCHO TABACO, PERO NO TIENE PAPEL PARA LIARLO.

ASÍ QUE COGE LAS PÁGINAS DEL MANUSCRITO EN EL QUE LLEVA DIEZ AÑOS TRABAJANDO Y LAS ROMPE PARA LIARSE SUS CIGARRILLOS.

¿ES SU ÚNICA COPIA?

ES SU ÚNICA COPIA.

«BUENO, SI CREES QUE VAS A MORIR, ¿QUÉ ES MÁS IMPORTANTE, UN BUEN LIBRO O UN BUEN CIGARRILLO? ASÍ QUE FUMÓ Y FUMÓ, Y POCO A POCO SE FUMÓ SU LIBRO».

Creo que los bibliotecarios alejandrinos habrían apreciado la desesperanzada comicidad de ese relato de supervivencia. Al fin y al cabo, los libros que ellos custodiaban también estaban convirtiéndose en aire, en humo, en soplo, en espejismo.

A lo largo del siglo IV, Alejandría se convertiría en un lugar turbulento. El emperador Constantino había legalizado el cristianismo y, años más tarde, Teodosio prohibió los cultos paganos. En un enorme giro histórico, perseguidos y perseguidores intercambiaron los papeles.

En el año 391, todo saltó por los aires. Los cristianos profanaron y exhibieron símbolos de las antiguas creencias por la ciudad, entre burlas que despertaron la ira y la violencia. Los amotinados paganos se atrincheraron en el Serapeo, asediados por una muchedumbre armada.

El emperador perdonó a los rebeldes, pero ordenó acabar con las imágenes del Serapeo. El santuario y la biblioteca fueron reducidos a añicos y, sobre sus restos, se construyó una iglesia.

Todavía conmueve la voz de uno de aquellos exiliados en el tiempo, el profesor y poeta pagano Páladas.

¿NO ES CIERTO, GRIEGOS, QUE EN LA PROFUNDA NOCHE, MIENTRAS TODO SE HUNDE EN EL ABISMO, VIVIMOS SOLO EN APARIENCIA, IMAGINANDO QUE UN MERO SUEÑO ES VIDA?

¿O ACASO ESTAMOS VIVOS CUANDO LA VIDA HA MUERTO?

El último huésped del Museo fue el matemático, astrónomo y músico Teón. Educó a su hija Hipatia en la ciencia y en la filosofía como si hubiera nacido hombre.

Hipatia dedicó su vida al estudio y la enseñanza. Entre sus discípulos hubo cristianos, paganos y ateos. La maestra fomentaba la amistad entre ellos, pero, por desgracia, comenzaba una época convulsa para los moderados.

Hasta su trágico final, Hipatia vivió según sus reglas, con una insólita libertad. Un alumno enamorado le propuso matrimonio y ella respondió que solo aspiraba al elevado mundo de las ideas.

Como el pretendiente seguía con la rodilla hincada en el suelo, Hipatia lo ahuyentó con un gesto inaudito y audaz. Mostró unos paños manchados con su menstruación y dijo:

ESTO ES LO QUE TÚ AMAS, JOVEN, Y NO ES BELLO.

Cuentan que, asustado ante la «horrible visión», abandonó para siempre su asedio amoroso.

Los altos funcionarios buscaban su consejo hasta el punto de que su influencia política despertó envidias. Sus asombrosos conocimientos matemáticos y astronómicos despertaron rumores de hechizos satánicos.

Una mujer tan sabia como poderosa solo podía ser una bruja.

120

En plena Cuaresma, una muchedumbre exaltada secuestró a Hipatia acusándola de brujería. Ella se defendió y gritó, pero nadie se atrevió a ayudarla.

A la vista de todos, la golpearon brutalmente. Le arrancaron los ojos y la lengua. Le extrajeron los órganos y los huesos, y quemaron los restos en una pira.

Querían aniquilar lo que representaba Hipatia como mujer, como pagana y como maestra.

Los restos del naufragio se hundieron en la oscuridad durante esos siglos de silencio. Las bibliotecas, las escuelas y los museos no pueden sobrevivir mucho tiempo en un entorno de violencia. Imagino la antigua Alejandría teñida de la tristeza de tantas personas cultas y pacíficas que se sintieron apátridas en su propia ciudad, ante el espanto del fanatismo.

PASÉ LA VIDA ENTERA CONVERSANDO CON LOS DIFUNTOS EN LA PAZ DE LOS LIBROS. TAN SOLO HE SIDO EL CÓNSUL DE LOS MUERTOS.

«He conquistado Alejandría, la gran ciudad del Occidente», escribe en el 640 el comandante Amr ibn al-As al califa Omar I. Días más tarde, un viejísimo erudito cristiano pide permiso para leer los libros de la Biblioteca, incautados por los invasores.

Amr era un guerrero culto y entendía la importancia de aquel tesoro, así que envió una carta a Omar para pedir instrucciones.

Amr deseaba visitar la Biblioteca. El viejo lo guió por una red de callejuelas mugrientas hasta un palacio abandonado.

Allí, los manuscritos descansaban en los estantes como grandes crisálidas dentro de sus capullos de polvo y telarañas.

CONVIENE QUE LOS LIBROS SEAN CONSERVADOS Y CUSTODIADOS POR LOS SOBERANOS Y SUS SUCESORES HASTA EL FIN DE LOS TIEMPOS.

El comandante se aficionó a la conversación del sabio, y escuchó de sus labios la historia del rey griego que quiso reunir en su palacio un ejemplar de todos los libros del mundo.

Un mes más tarde, llegó por fin la respuesta del califa.

SI EL CONTENIDO DE LOS LIBROS COINCIDE CON EL CORÁN, SON SUPERFLUOS; Y SI NO, SON SACRÍLEGOS. DESTRÚYELOS.

Desilusionado, Amr obedeció y los libros se convirtieron en combustible para las estufas de los 4.000 baños públicos de Alejandría. Solo perdonaron los libros de Aristóteles. Entre el vapor de aquellos baños, la última utopía de su discípulo Alejandro ardió hasta el silencio de las cenizas sin voz.

En el año 2002 se inauguró la nueva Biblioteca de Alejandría. El edificio representa el astro del saber iluminando el mundo. Los discursos proclamaron que renacía el antiguo espacio de diálogo y entendimiento, pero los fantasmas de la intransigencia acudieron a la cita. Un reportero de la BBC buscó los libros del escritor egipcio Naguib Mahfuz, prohibido por las autoridades religiosas, y no encontró ninguno.

El sueño loco de aquel joven macedonio prosigue su batalla con los viejos prejuicios.

# BOTES SALVAVIDAS Y MARIPOSAS NEGRAS

Recuerdo como una sacudida las imágenes de las masacres de Sarajevo, en 1992. Entonces yo era una niña, y aquella guerra significó el descubrimiento de un mundo más grande y más oscuro de lo que había imaginado.

En mi escritorio conservo esta fotografía de Gervasio Sánchez: la Biblioteca de Sarajevo herida por las bombas. Aquella noche la ciudad brilló con el fuego que brotaba de sus ventanales. Los francotiradores disparaban contra quien se acercara a salvar los libros. Al amanecer habían ardido cientos de miles de volúmenes.

Un bibliotecario recuerda los rescoldos humeantes, flotando sobre su cuerpo arrodillado, como una nevada oscura. En Sarajevo llamaron «mariposas negras» a las cenizas de los libros destruidos. Arturo Pérez-Reverte, corresponsal de guerra, contempló, en la devastada biblioteca, los restos de manuscritos que nadie volvería a leer.

Juan Goytisolo, que viajó a la capital bosnia respondiendo al llamamiento de Susan Sontag, escribió en su *Cuaderno de Sarajevo*:

CUANDO ARDIÓ LA BIBLIOTECA, FUE PEOR QUE LA MUERTE. EL OBJETIVO DE LOS SITIADORES —BARRER LA SUSTANCIA HISTÓRICA DE ESTA TIERRA PARA MONTAR SOBRE ELLA UN TEMPLO DE PATRAÑAS, LEYENDAS Y MITOS— NOS HIRIÓ EN LO MÁS VIVO.

Los suplementos literarios de verano insisten en preguntar a los gurús por el libro que llevarían a una isla desierta.

La mejor respuesta se la debemos a G. K. Chesterton.

"NADA ME HARÍA MÁS FELIZ QUE UN LIBRO TITULADO MANUAL PARA LA CONSTRUCCIÓN DE LANCHAS."

En realidad, los libros pueden ser botes salvavidas. Llegan a cualquier lugar del mundo, incluso a los más siniestros. El poeta Joseph Brodsky, cautivo en Siberia, encontró consuelo en la lectura de Auden.

Y Reinaldo Arenas, prisionero de las cárceles castristas, en la *Eneida*.

Leonora Carrington, ingresada en un psiquiátrico tras la guerra civil española, sobrellevó el maltrato leyendo a Unamuno.

También en los campos de concentración nazis había bibliotecas. Se nutrían de los libros requisados a los presos cuando llegaban.

¿Puede la cultura rescatarnos de la barbarie, el hambre y la violencia?

Tenemos un testimonio contundente, *Goethe en Dachau*, de Nico Rost, un traductor comunista deportado al campo de concentración.

Trabajaba en la enfermería, y ponía su vida en peligro cada día para garrapatear unas líneas en el diario que guardaba en un escondrijo.

Lo curioso es que ese diario, publicado tras la liberación, no habla de sus penurias sino de sus pensamientos.

QUIEN HABLA DEL HAMBRE ACABA TENIENDO HAMBRE. Y LOS QUE HABLAN DE LA MUERTE SON LOS PRIMEROS QUE MUEREN. VITAMINA L (LITERATURA) Y F (FUTURO) ME PARECEN LAS MEJORES PROVISIONES.

NOS VAMOS A CONTAGIAR TODOS Y MORIREMOS DE MALNUTRICIÓN.

A LEER TODAVÍA MÁS.

LA LITERATURA CLÁSICA PUEDE AYUDAR Y DAR FUERZAS.

CUANDO NOS NIEGAN LA VIDA, VIVIR ENTRE LOS MUERTOS CON TUCÍDIDES Y PLUTARCO EN MARATÓN O SALAMINA ES LO MÁS HONROSO.

Nico también arriesgó su vida al organizar un club de lectura clandestino con los enfermos. Se reunían siempre vigilantes y, cuando no podían conseguir textos, comentaban de memoria antiguas lecturas. La muerte cambiaba constantemente la composición del grupo.

Mientras se acumulaban los cadáveres, él se obstinaba en ejercer su derecho a pensar.

ME NIEGO A HABLAR DE TIFUS, DE PIOJOS, DE HAMBRE Y DE FRÍO.

Sabe que los nazis someten a los reclusos a estos tormentos para desesperarlos y animalizarlos.

Sus compañeros de conversaciones y lecturas son disidentes de diversos países.

FORMAMOS UNA ESPECIE DE COMUNIDAD EUROPEA CLANDESTINA Y APRENDEMOS UNOS DE OTROS.

Quiero creer que, en realidad, la Unión Europea nació en un peligroso club de lectura tras las alambradas de un campo nazi.

En el gulag soviético, otras voces descubrían el sentido de la cultura cuando te rodea la moridera. Galia Safónova nació en los barracones de un campo siberiano. Su infancia transcurrió prisionera en el país de las nieves perpetuas.

En aquella cárcel helada, las prisioneras fabricaron a escondidas cuentos artesanales para la niña que solo conocía el gulag. Cosidos a mano, con dibujos temblorosos trazados en la oscuridad.

¡QUÉ FELIZ ME HIZO CADA UNO DE ESTOS LIBROS!

Explicaba Galia a la escritora Monika Zgustova.

ME REFUGIABA EN ELLOS. LOS HE GUARDADO TODA LA VIDA.

¡SON MI TESORO!

Elena Korybut cumplió una larga condena en las minas de la tundra, más allá del círculo polar.

EN EL CAMPO, ESTE VOLUMEN DE PUSHKIN PASÓ POR MILES DE MANOS. NADIE PUEDE IMAGINAR LO QUE SIGNIFICABA UN LIBRO PARA LOS PRESOS.

¡ERA LA SALVACIÓN! ¡LA BELLEZA, LA LIBERTAD Y LA CIVILIZACIÓN EN MEDIO DE LA BARBARIE!

En *Vestidas para un baile en la nieve*, su libro de entrevistas a mujeres que sobrevivieron al gulag, Zgustova muestra que, incluso en los abismos de la vida, somos criaturas sedientas de historias y utilizamos los libros como botiquines contra la desesperanza.

Como Sherezade, muchos se han salvado gracias al poder de la imaginación y la fe en las palabras. A Viktor Frankl le arrebataron en Auschwitz un manuscrito con su obra, y el deseo de reescribirla lo ató a la vida. El filósofo Paul Ricoeur, detenido por el Gobierno de Vichy, se volcó en la biblioteca de la cárcel. La posesión más amada del niño Michel del Castillo en Auschwitz fue *Resurrección*, de Tolstói. Eulalio Ferrer cambió sus cigarrillos por un *Quijote*. Frankl escribió que sobrevivían mejor, no los más fuertes, sino quienes encontraban un refugio interior. Los libros nos ayudan a afrontar las grandes catástrofes históricas y las pequeñas tragedias de nuestra vida.

Entonces no había una palabra para llamarlo. Podías decir: en clase se ríen de mí o en el colegio me pegan. Sin embargo, para los adultos solo eran cosas de niños.

Me habían retirado la protección del grupo. Había una alambrada imaginaria y yo estaba fuera. Si alguien me golpeaba o insultaba, los demás le quitaban importancia.

EMPOLLONA, HIJAPUTA, ¿TÚ QUÉ MIRAS?

¿QUIERES COBRAR?

Mi infancia es un extraño revoltijo de avidez y miedo, debilidad y resistencia. Están los juegos, la curiosidad, las primeras amigas, el amor medular de mis padres. Y la humillación cotidiana.

Lo peor era el silencio. Por vergüenza, acepté la mordaza. Todo el mundo sabe que chivarse está muy mal, ciertas cosas no se cuentan. El acusica es un cagón, un mal compañero. Con el tiempo, me rebelé contra esa ley convirtiéndome en escritora. Esas cosas que no se cuentan son precisamente las que necesitamos contar. Hoy soy chivata profesional.

Durante los años humillantes, además de mi familia, me ayudaron cuatro desconocidos: Robert Louis Stevenson, Michael Ende, Jack London y Joseph Conrad. Gracias a ellos aprendí que mi mundo es solo uno de los muchos que existen. Hurgo entre mis viejos papeles en busca de un cuento que escribí, «Las tribus salvajes».

Soy la capitana del barco. Estoy en cubierta y oigo: ¡Tierra a la vista! Timonel, tres grados a estribor. Arríen velas. Exploraré la isla del tesoro sola porque la tripulación tiene miedo. Cuentan historias terroríficas sobre los salvajes que viven allí.

Me encuentro con una tribu y me armo de valor. En su lengua me llaman forastera pérfida y astuta. Me llevan ante sus jefes.

—¿QUÉ HACES AHÍ?

—HEY, MIRA, UN BOCATA DE QUESO. ¿ESTÁ BUENO? TRAE.

—PARA SER TAN LISTILLA, TIENE QUE COMER MUCHO.

—AHORA SÍ QUE VA A ESTAR BUENO.

—PTUF.

—DÉJAME ESCUPIR A MÍ TAMBIÉN.

Me invitan a comer su comida. Veo alrededor los esqueletos de sus víctimas. Me dan gusanos vivos en una hoja grande de planta tropical.

—AHORA DEVUÉLVESELO. QUE SE LO COMA.

Se me retuerce la tripa de asco pero tengo que soportarlo y mastico.

—ESO, CÓMETELO. VAMOS. COME QUE TE VEAMOS.

—NO IRÁS A PONERTE A LLORAR...

Luego trago. Me lo acabo todo.

—NO, NO LLORARÁ. TODOS DICEN LO LISTA QUE ES.

—SE LO COMERÁ TODO Y NO SE CHIVARÁ.

Se ríen y me dejan marchar. ¡Salvada! Según el mapa, el poblado de la tribu está cerca del escondite del tesoro.

Llego a una cueva de paredes húmedas y desiguales, avanzo cautelosa por si hay trampas.

Después de deambular varios días por los túneles, encuentro el tesoro, justo cuando oigo la sirena...

... del final del recreo.

En realidad, somos bastante extraños. Como dice Amelia Valcárcel, fueron los griegos quienes empezaron a ser tan extraños como nosotros. En Alejandría sucedieron algunas rarezas que hoy forman parte de nuestra vida cotidiana.

En la época más brillante de la Biblioteca, los filósofos estoicos se atrevieron a enseñar por primera vez que todas las personas son miembros de una comunidad sin fronteras y que están obligadas a respetar la humanidad en cualquier lugar y circunstancia. Allí nació el precedente del gran sueño de una ciudadanía universal.

La escritura, la traducción, el libro y las bibliotecas fueron las tecnologías que hicieron posible esa utopía. Lo habitual es el olvido, la desaparición del legado de palabras, el chovinismo y las murallas lingüísticas. Gracias a Alejandría nos hemos vuelto extremadamente raros: traductores, cosmopolitas, memoriosos. La Gran Biblioteca me fascina -a mí, la pequeña marginada del colegio de Zaragoza-, porque inventó una patria de papel para los apátridas de todos los tiempos.

## LOS CAMINOS DE ROMA

## UNA CIUDAD CON MALA REPUTACIÓN

Cuenta el mito que los gemelos Rómulo y Remo planearon fundar una ciudad a orillas del río Tíber. Pronto se enzarzaron en peleas por el poder. Remo saltó las murallas que su hermano construía, y se desató la violencia. Allí mismo, Rómulo lo asesinó.

*¡ASÍ MORIRÁ QUIEN SALTE SOBRE ESTOS MUROS!*

La urbe necesitaba habitantes. El rey cruel abrió las puertas de Roma a criminales y fugitivos. La joven ciudad se llenó de delincuentes.

Como no había mujeres, invitaron a familias de aldeas vecinas a celebrar unos juegos en honor a Neptuno. La fiesta era una trampa.

Los romanos raptaron y violaron a las atemorizadas sabinas mientras sus padres y maridos, en inferioridad numérica, huían aturdidos por el dolor.

*TRANQUILA, SEREMOS MUY FELICES.*

*VENGA, TE VA A GUSTAR...*

Durante siglos se escenificó el rapto de las mujeres en las bodas romanas. Esta salvajada legendaria inspiró el argumento de *Siete novias para siete hermanos*, una versión edulcorada de aquel mito brutal, donde los rudos protagonistas cantan a coro:

*«LAS SABINAS LLORABAN Y LLORABAN, PERO POR DENTRO ESTABAN CONTENTAS».*

Con un fratricidio sanguinario, una confabulación de criminales y una violación colectiva, nació el mayor imperio del mundo antiguo.

Roma fabricó el engranaje bélico más demoledor de la historia. En pocos siglos, conquistaron desde Hispania hasta el mar Rojo, desde Britannia hasta el Sáhara. Los habitantes de unas marismas encharcadas junto al Tíber pasaron a dominar todo el Mediterráneo. Lo llamaron *Mare Nostrum*, como si se tratara de una piscina particular para su exclusivo disfrute.

Las guerras amparaban el negocio más lucrativo de la historia: la esclavitud. Miles de prisioneros se convirtieron en mano de obra cautiva. La riqueza a menudo nace del sometimiento de seres humanos. De la muralla china a las plantaciones de algodón estadounidenses, de los burdeles romanos a la trata de mujeres en el presente, de las pirámides egipcias a la ropa barata *made in Bangladesh*, innumerables imperios y fortunas se han edificado sobre la esclavitud.

Las aguas del mar Mediterráneo eran un hervidero de naves que comerciaban con cereales y artesanías, también con armas y esclavos. De un confín a otro del imperio, una constelación de ciudades romanas se comunicaba gracias a calzadas tan sólidas y bien trazadas que muchas aún existen. Nunca tantos seres humanos habían podido viajar más allá de los horizontes de su nacimiento y su imaginación.

El gigantesco despliegue militar y las obras de ingeniería componían una maquinaria poderosa pero árida sin el rocío de la poesía y de los relatos. Para saciar esa sed, Edipo, Antígona y Ulises viajaron por los mares y calzadas romanas rumbo al futuro.

## LA LITERATURA DE LA DERROTA

Los romanos reconocieron que la cultura griega era muy superior y comprendieron que todo gran imperio necesita fabricar un relato unificador y victorioso, sostenido por símbolos y mitos identitarios. Para lograrlo rápido, asumieron como propio el legado griego.

*GRECIA LO INVENTA Y ROMA LO QUIERE.*

Mary Beard

Allí nació el hilo que entreteje nuestro presente con aquel brillante mundo extinguido. Por encima, como funambulistas, caminan de un siglo a otro las ideas, los descubrimientos, los mitos, la emoción y también los errores y las miserias de nuestra historia. Hemos llamado «clásicos» a toda esa hilera de palabras en equilibrio sobre el vacío.

---

A través de las rutas marítimas, los romanos importaron el alfabeto griego y lo adecuaron al latín.

El alfabeto de mi infancia es una constelación de letras errantes que los fenicios embarcaron en sus naves, surcaron el mar rumbo a Grecia, luego a Italia y, de mano en mano, viajaron hasta acariciar mis dedos hoy.

Livio Andrónico, nacido en tierras de cultura griega, se ganaba la vida como actor. Cayó prisionero durante la conquista romana y, como tantos extranjeros, fue vendido en el mercado de esclavos.

Terminó en la rica mansión de los Livios y su inteligencia lo salvó de los trabajos más penosos. Bajo la protección de la poderosa familia abrió una escuela en la capital. Este griego bilingüe recibió el encargo de adaptar las primeras tragedias y comedias que se representaron en Roma y también la *Odisea* homérica. Y así nació la literatura latina, como traducción.

Los nobles romanos se encapricharon de los libros, esos objetos escasos y exclusivos. El militar Escipión Emiliano se llevó a Roma como botín de guerra los libros de la casa real macedonia. Los Escipiones tuvieron la primera gran biblioteca privada romana. Siguiendo esa estela, el dictador Sila se apoderó de los manuscritos del mismísimo Aristóteles.

El arrebato coleccionista romano recuerda al de los ricos estadounidenses que, por un puñado de dólares, expoliaban retablos, frescos, claustros europeos, arte de culturas prehispánicas. También bibliotecas enteras.

Así imaginó Scott Fitzgerald al joven millonario de *El gran Gatsby*. En la gran mansión de Long Island, construida con la fortuna de oscuros contrabandos para seducir a su imposible amor adolescente, no podía faltar «una biblioteca gótica que había sido trasladada desde alguna ruina situada al otro lado del mar».

También recuerda al entusiasmo de la norteamericana Peggy Guggenheim por trasplantar la pintura vanguardista europea a su país. Tras morir su padre en el Titanic, ella se instaló en París con una herencia millonaria. Cuando los nazis invadieron Francia, aprovechó para comprar obras de arte. Su lema era: «Una pintura al día».

Con la caída de París, escondió su colección en un granero y escapó a Marsella. Junto a su amante Max Ernst y otros artistas amigos, logró huir a Estados Unidos. En Nueva York abrió una galería de arte europeo donde los refugiados buscaban cobijo.

Tras la Gran Depresión, el gobierno estadounidense creó el Federal Art Project para dar trabajo a pintores en la decoración de instituciones públicas. Allí se conocieron Pollock, Rothko o De Kooning, futuros protegidos de Peggy.

> LA PINTURA MÁS IMPORTANTE DE LOS ÚLTIMOS CIEN AÑOS SE HA HECHO EN FRANCIA. ES MUY IMPORTANTE QUE LOS GRANDES ARTISTAS EUROPEOS ESTÉN ENTRE NOSOTROS.

Jackson Pollock

Muchas tardes, estos jóvenes pintores se reunían en el MoMA para contemplar el *Guernica*, refugiado en el museo a salvo de dictaduras y guerras. El expresionismo abstracto norteamericano nació de la vanguardia europea y el muralismo mexicano.

En mayo de 1940, tres semanas antes de la ocupación de París, Vladimir Nabokov huyó a los Estados Unidos. Se exilió voluntariamente de su lengua rusa, aventurándose al abismo de escribir sus libros en inglés.

> LO QUE ME CAUTIVA DE LA CIVILIZACIÓN NORTEAMERICANA ES ESE TOQUE ANTICUADO DEL VIEJO MUNDO.

> PESE A LA AGITADA VIDA NOCTURNA, A LOS LAVABOS ÚLTIMO MODELO, LAS PUBLICIDADES REFULGENTES Y TODO LO DEMÁS.

También Hollywood se apropió del talento del cine europeo. La mayoría de creadores de los grandes estudios y muchos directores fueron emigrantes del viejo continente que, huyendo de las guerras, desembarcaron en Nueva York con un puñado de dólares cosidos al forro del chaleco.

Ernst Lubitsch

Frank Capra

Billy Wilder

John Ford, de origen irlandés, sería conocido como el Homero del wéstern. Milenios atrás, los romanos se habían apropiado de la brillante cultura griega. A lo largo de la historia, los grandes imperios —también el estadounidense— se han hecho a sí mismos con el talento de otros.

## EL UMBRAL INVISIBLE DE LA ESCLAVITUD

La esclavitud era el monstruo que acechaba bajo la cama. Nadie podía vivir seguro. Si tu ciudad perdía una guerra, te convertías en botín del ejército victorioso. Si tenías deudas, tus acreedores podían venderte para cobrar el préstamo.

Las comedias de Plauto muestran a niños raptados, hermanos separados, padres que envejecen buscando a sus hijos desaparecidos y los encuentran convertidos en siervos o prostitutas.

La película 12 años de esclavitud, basada en la historia real de Solomon Northup, muestra al protagonista encadenado a oscuras en un sótano. Aquel hombre negro, nacido en libertad, fue drogado y secuestrado para ser vendido como esclavo.

Perderá una década de su juventud, sin noticias de su mujer y sus hijos, recolectando algodón en plantaciones sureñas donde lo maltratan e intentan deshumanizarlo a través del miedo.

En el siglo I a. C. había cerca de dos millones de esclavos en Italia, el 20% del censo. El senado rechazó con espanto la brillante idea de obligarles a llevar uniforme: no deseaban que la población esclava se percatase de lo numerosa que era.

Muchos de los cautivos griegos eran más cultos que sus amos. Los nobles romanos escogían a su gusto un intelectual griego y lo compraban para educar a sus hijos. Los maestros de escuela, en su mayoría, eran también esclavos o libertos griegos.

Por el contrario, en el Sur de Estados Unidos, era ilegal que los esclavos aprendieran a leer y escribir. Su alfabetización era una amenaza para el sistema esclavista. A pesar de todo, algunos arriesgaron su vida para lograrlo. Belle Myers descifró las letras con un rompecabezas del bebé al que cuidaba.

UN DÍA ENCONTRÉ UN LIBRO DE HIMNOS Y DELETREÉ: «CUANDO LEO CON CLARIDAD MI NOMBRE».

ME SENTÍ TAN FELIZ QUE CORRÍ A CONTÁRSELO A LOS DEMÁS ESCLAVOS.

En *12 años de esclavitud*, Solomon oculta que sabe leer y escribir para evitar las salvajes palizas. Durante años, aprovecha cualquier ocasión para robar pedazos de papel a sus amos. Los mensajes que redacta con enorme peligro representan su única esperanza de recuperar algún día la libertad.

«Por todo el Sur de Estados Unidos, los propietarios de las plantaciones ahorcaban a los esclavos que enseñaran a otros a leer. Los amos, como los dictadores y tiranos, conocían el poder de la palabra escrita». Alberto Manguel, *Una historia de la lectura*.

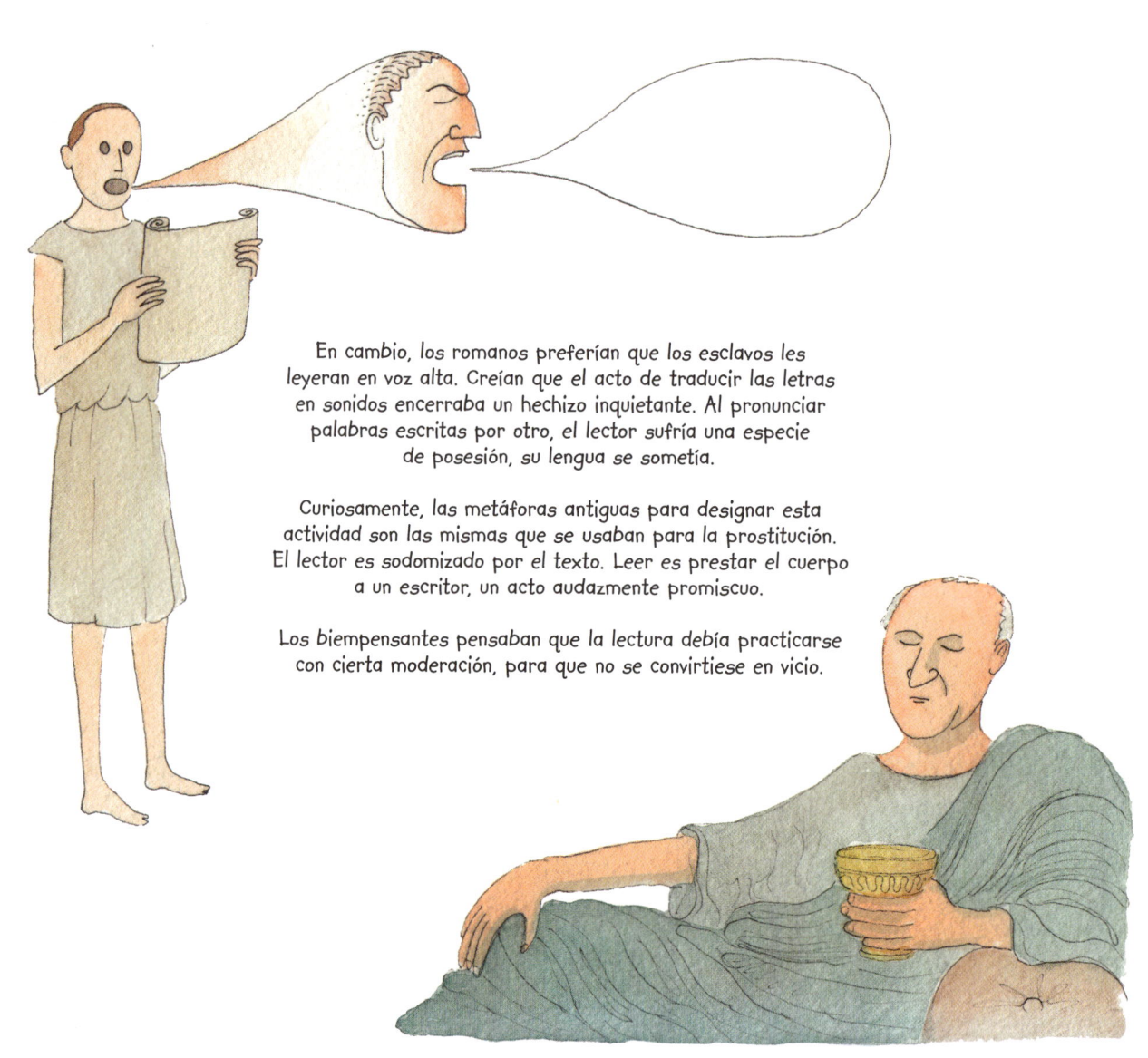

En cambio, los romanos preferían que los esclavos les leyeran en voz alta. Creían que el acto de traducir las letras en sonidos encerraba un hechizo inquietante. Al pronunciar palabras escritas por otro, el lector sufría una especie de posesión, su lengua se sometía.

Curiosamente, las metáforas antiguas para designar esta actividad son las mismas que se usaban para la prostitución. El lector es sodomizado por el texto. Leer es prestar el cuerpo a un escritor, un acto audazmente promiscuo.

Los biempensantes pensaban que la lectura debía practicarse con cierta moderación, para que no se convirtiese en vicio.

### EN EL PRINCIPIO FUERON LOS ÁRBOLES

Los libros son hijos de los árboles. En latín *liber*, que después significaría «libro», era en origen la corteza del árbol. Cuando un adolescente traza iniciales en un álamo plateado, reproduce un gesto muy antiguo. Calímaco, el bibliotecario de Alejandría, ya menciona un mensaje amoroso en un árbol. Antonio Machado, en sus paseos por Soria, solía detenerse a leer algunas líneas de ese libro de los amantes. Tal vez a orillas de un río que corre y pasa y sueña, los antiguos griegos y romanos escribieron los primeros pensamientos y las primeras palabras de amor. Quién sabe cuántos de esos árboles terminarían convertidos en libros.

«He vuelto a ver los álamos dorados, álamos del camino en la ribera del Duero».

«Estos chopos del río, que acompañan con el sonido de sus hojas secas el son del agua, cuando el viento sopla, tienen en sus cortezas grabadas iniciales que son nombres de enamorados, cifras que son fechas».

## ESCRITORES POBRES, LECTORES RICOS

En los primeros tiempos, no existían librerías abiertas al público como hoy las conocemos. Los libros eran símbolo de prestigio: las élites se prestaban obras entre amigos y las copiaban para sus bibliotecas privadas. A la intemperie, sin relaciones poderosas, tanto lectores como escritores se enfrentaban a una imposible supervivencia.

No estaba bien visto que un romano de buena familia se dedicara a la poesía. Los ciudadanos respetables escribían sobre historia y leyes. Eran los esclavos o extranjeros quienes componían versos para sus cultos protectores aristocráticos.

LA POESÍA NO ESTÁ EN UN LUGAR DE HONOR.

Y SI ALGUIEN SE CONSAGRA A ELLA LO LLAMAN PORDIOSERO.

... escribió Catón el Viejo. Desde entonces, titiriteros, músicos y artistas han mantenido esta fama de gentes de mal vivir.

Los maestros ejercían una tarea humilde y menospreciada. Los aristócratas valoraban el saber y la cultura, pero despreciaban la docencia. Paradójicamente, era innoble enseñar lo que era honorable aprender.

Ganarse la vida con las letras era poco decoroso para las personas de bien. Un escritor que pretendiera cobrar por lo que escribía quedaba inmediatamente desprestigiado.

En nuestra época, la revolución digital ha hecho revivir esa antigua idea aristocrática de la cultura como entretenimiento y no profesión. Los artistas debían buscar un oficio serio y dejar el arte para los ratos libres. El nuevo marco neoliberal y el mundo en red nos condenan a que el trabajo creativo vuelva a ser gratuito.

En la alta sociedad también había mujeres que coleccionaban libros. Caerelia, ávida lectora, consiguió una copia pirata de un tratado ciceroniano antes de que estuviera en circulación.

Un irritado y sarcástico Cicerón escribió:

> SIN DUDA CAERELIA REBOSA UN ENCENDIDO ENTUSIASMO POR LA FILOSOFÍA.

Los aristócratas romanos solían dar educación a sus hijas. En general no las llevaban a la escuela, sino que preferían los preceptores privados en casa para vigilar la castidad de las niñas. Sin embargo, la solución doméstica también entrañaba sus peligros.

Las clases del maestro Quinto Cecilio Epirota a la hija de su amo terminaron en la alcoba. Al despertar un mar de murmuraciones, el libertino liberto acabó en el exilio.

Durante las cenas en las grandes mansiones romanas, los maridos deseaban exhibir a sus mujeres como inteligentes e ingeniosas conversadoras.

Juvenal caricaturiza a aquellas damas cultas en sus sátiras.

Uno de sus poemas enumera un catálogo de «maldades» femeninas: su lujuria con los gladiadores, sus infidelidades con extranjeros piojosos, sus gastos extravagantes, sus celos, su descaro...

... y la cultura. Por primera vez hubo en las familias nobles madres e hijas que conversaban, leían, conocían la libertad de los libros y sabían utilizar el poder indestructible de la palabra.

> ES UNA PESADA LA MUJER QUE EN LA CENA CITA A VIRGILIO. ABORREZCO A LA MARISABIDILLA QUE CONOCE VERSOS QUE YO IGNORO Y CORRIGE A LA CATETA DE SU AMIGA.

La escuela romana era cara, lo que excluía a las familias de clase humilde.

En Pompeya conservamos miles de grafitis y pintadas en las paredes. Se calcula que algo más de la mitad de los hombres y un 15% de las mujeres sabían leer y escribir. Aunque pueda parecer poco, nunca antes se había alcanzado un nivel semejante de educación y acceso a la cultura.

Al cumplir siete años, acabada la época de aprendizaje hogareño, los niños de la clase privilegiada afrontaban una experiencia dura, incluso violenta. Los escritores antiguos asociaban los recuerdos escolares con golpes y terror.

El poeta Ausonio escribe a su nieto: «Ver a un maestro no es tan espantoso, te acostumbrarás a él. No te asustes si resuenan golpes de fusta. Que no te perturbe el griterío cuando el mango de la vara vibre y los banquitos se muevan por los temblores y el miedo».

*Litterator*, «quien enseña las letras», era el maestro de primaria. Impartía las clases en locales de renta baja, a veces simples pórticos en plena calle. Aquellos pobres diablos mal pagados legaron su nombre a la «literatura», otra profesión propensa a las penurias económicas.

Los estudiantes utilizaban en sus clases tablillas de madera encerada. Era el soporte de la escritura cotidiana entre los romanos. En este retrato pompeyano, una joven medita con el estilete apoyado en los labios y las ceras sujetas en una mano, mientras su mente forja un verso. Con frecuencia, perforaban las tablillas y las ataban con anillas o cordones para mantenerlas unidas. Esos primeros cuadernos escolares fueron los precursores de nuestros libros.

Las tablillas se reutilizaban. En *El arte de amar*, Ovidio aconseja a los amantes borrar la huella de frases comprometedoras. Muchas infidelidades se descubrían por estos descuidos. Las ceras eran tan delatoras como nuestros actuales teléfonos...

En algunas tablillas se podía escribir con tinta usando el cálamo. El poeta Persio describe a un niño desesperado por los goterones que salpicaban sus ejercicios de caligrafía, escena repetida en las aulas durante siglos.

Mi madre aún recuerda el paisaje de sus cuadernos escolares rociados con lágrimas negras.

Pertenezco a la era del bolígrafo, un invento de László Bíró, periodista argentino de origen húngaro. La idea se le ocurrió mientras unos niños jugaban al fútbol. Observó que la pelota, tras atravesar un charco de agua, dibujaba un rastro.

Una bola de metal bañada en tinta. De ese hallazgo genial descienden los inolvidables Bic Cristal, que usábamos como cerbatanas para lanzar granos de arroz. Yo apuntaba, con torpeza adolescente, a la nuca de alguien que tal vez me atraía.

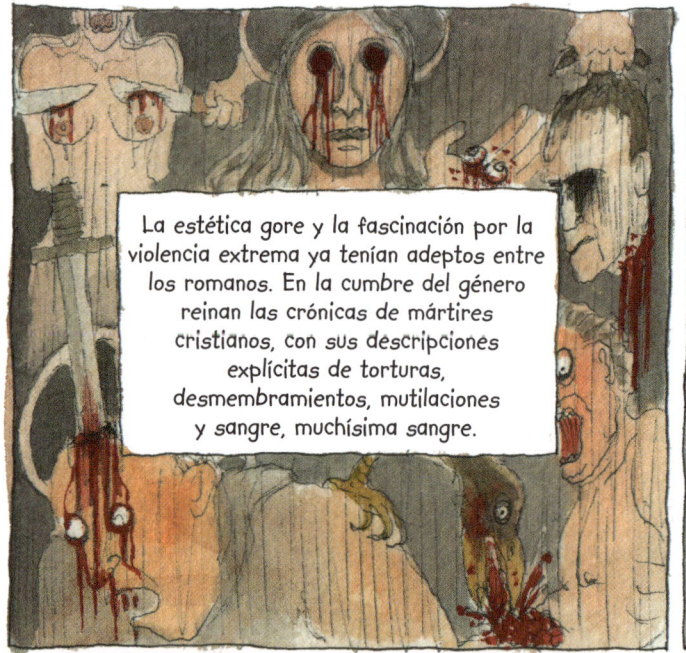

La estética gore y la fascinación por la violencia extrema ya tenían adeptos entre los romanos. En la cumbre del género reinan las crónicas de mártires cristianos, con sus descripciones explícitas de torturas, desmembramientos, mutilaciones y sangre, muchísima sangre.

Un superventas del sadismo nació en Cesaraugusta. Su infancia transcurrió entre los mismos ríos y vientos que la mía. Prudencio fue funcionario imperial, pero tras esa fachada rutinaria se agazapaba el bisabuelo romano de Tarantino o Wes Craven.

A los cincuenta años, este hispano publicó una colección de poemas que describía, con sangrientos detalles y espeluznantes coreografías del tormento, el suplicio de catorce cristianos. San Casiano sufrió uno de esos morbosos martirios que hechizaban a Prudencio.

La crónica de esa muerte es uno de los textos más terroríficos de la literatura latina, y un testimonio macabro de la escuela antigua. Casiano era un maestro infantil no demasiado amable.

Azotados a diario, sus alumnos incubaron una peligrosa mezcla de miedo, violencia y resentimiento, como esos niños rubios de mirada gélida que nos erizan la piel en *La cinta blanca*, de Haneke.

Corrían los años oscuros de las persecuciones a los cristianos. Detuvieron a Casiano por negarse a rendir culto a los dioses paganos y, según Prudencio, las autoridades lo entregaron a sus alumnos para que lo castigaran.

Prudencio se recrea en los detalles, los movimientos, los sonidos. Convierte en armas los objetos cotidianos. Los niños, que han soportado humillaciones y golpes del maestro, se transforman en crueles verdugos, de inocentes a asesinos. Es un espectáculo malsano.

¿DE QUÉ TE QUEJAS? TÚ NOS ARMASTE CON EL PUNZÓN. AHORA TE DEVOLVEMOS LAS MILES DE CICATRICES QUE SUFRIMOS.

NO DEBERÍA IRRITARTE QUE ESCRIBAMOS. ¡PEDIMOS TANTOS DESCANSOS QUE TÚ NOS NEGABAS!

ANDA, EJERCE TU AUTORIDAD. TIENES DERECHO A CASTIGAR AL DISCÍPULO MÁS PEREZOSO.

El final del poema es macabro. Los niños se divierten atormentando al maestro mientras la vida escapa por los cortes del cuerpo taladrado. Esta espeluznante historia prueba que los azotes nunca desaparecieron de las aulas romanas...

... pero también hubo luz en el tétrico panorama. Hacia el comienzo de nuestra era surgieron defensores de una pedagogía más compasiva y divertida.

Semejantes excesos provocaron la reacción de los adalides del rigor. Las batallas entre la nueva y la vieja escuela son muy antiguas.

ESTA GALLETA ES PARA TI.

¡HABRASE VISTO! ¡HOY LOS NIÑOS NO HACEN MÁS QUE JUGAR EN LA ESCUELA!

## UNA JOVEN FAMILIA

Hasta tiempos recientes, la escuela era un privilegio para muy pocos. Durante milenios, la mayor parte de los jóvenes no tenían acceso a la lectura y la escritura. Sin embargo, hoy el arte más vibrante de nuestras ciudades es obra del talento de gentes nacidas en barrios humildes y periferias urbanas. Armados con un spray y una destreza insólita para la caligrafía, trazan sobre los muros letras y colores que dan voz a sus protestas, sus rebeldías y sus sueños.

Los grafitis contemporáneos son uno de los sucesos más innovadores que ha experimentado el alfabeto romano. Gracias a la educación, por primera vez en la historia, personas muy jóvenes inventan sus propias expresiones gráficas, juegos insólitos con las tipografías, creando con garabatos y letras un arte revolucionario.

Jean-Michel Basquiat vivía como un vagabundo antes de empezar a exponer sus grafitis en galerías de arte. Las letras invaden como cataratas muchos de sus lienzos.

Mientras las nuevas tecnologías digitales trataban de arrinconar la artesanía del lápiz y el papel, la juventud urbana de barriadas marginales exploraba el placer y la belleza del acto físico de escribir.

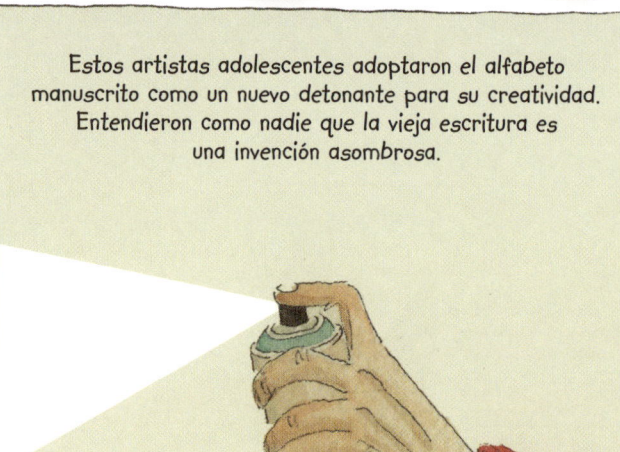

Estos artistas adolescentes adoptaron el alfabeto manuscrito como un nuevo detonante para su creatividad. Entendieron como nadie que la vieja escritura es una invención asombrosa.

Vladimir Nabokov tenía razón al reprocharnos en *Pálido fuego* nuestra falta de asombro ante esta prodigiosa innovación.

ESTAMOS ABSURDAMENTE ACOSTUMBRADOS AL MILAGRO DE UNOS POCOS SIGNOS ESCRITOS CAPACES DE CONTENER NUEVOS MUNDOS CON PERSONAS QUE HABLAN, LLORAN, SE RÍEN...

¿Y SI UN DÍA NOS DESPERTÁRAMOS Y DESCUBRIÉRAMOS QUE SOMOS INCAPACES DE LEER?

Con la paulatina expansión de la educación en el imperio, emerge un nuevo negocio: las primeras librerías romanas. En el siglo I a. C., Catulo cuenta que un amigo le regaló una antología poética de los autores que ambos consideraban más nefastos. Como respuesta, el poeta amenaza:

> ESTA FECHORÍA NO TE SALDRÁ BARATA. EN CUANTO AMANEZCA CORRERÉ A LOS ARCONES DE LOS LIBREROS Y COMPRARÉ VENENOS LITERARIOS PARA DEVOLVERTE ESTE SUPLICIO.

En aquella época, las librerías no eran como las actuales: funcionaban sobre todo como talleres de copia por encargo. Cada manuscrito resultaba tan caro que no había grandes catálogos disponibles.

Marcial fue el primer escritor que hizo gala de una relación amistosa con el gremio de libreros. Varios de sus modernísimos poemas contienen publicidad encubierta.

> EN EL BARRIO DEL ARGILETO, HAY UNA LIBRERÍA CON RÓTULOS EN LA PUERTA, ASÍ PUEDES LEER LOS NOMBRES DE TODOS LOS POETAS. BÚSCAME ALLÍ.

> ¡UN MARCIAL PULIDO CON PIEDRA PÓMEZ Y ADORNADO CON PÚRPURA, POR CINCO DENARIOS!

Quizá cobrara por estos anuncios, lo que lo convertiría en el precursor del *product placement* de nuestras actuales series.

> TODAS LAS FRUSLERÍAS QUE ESCRIBÍ CUANDO ERA JOVEN LECTOR TE LAS OFRECERÁ QUINTO POLIÓN VALERIANO, GRACIAS AL CUAL NO PERECEN MIS TONTERÍAS.

> PARA QUE NO IGNORES DÓNDE ESTOY EN VENTA Y NO ANDES VAGANDO POR TODA LA CIUDAD, SIGUE MIS INSTRUCCIONES: BUSCA A SEGUNDO EL LIBERTO, DETRÁS DEL TEMPLO DE LA PAZ.

Los poemas de Marcial permiten imaginar esas tempranas librerías. En la trastienda, había un taller abarrotado de esclavos copistas que trabajaban a ritmo despiadado. Hasta entonces, los libros habían circulado solo entre aristócratas, pero gracias a estos incipientes negocios llegaron a lectores desconocidos. Marcial celebraba esa nueva promiscuidad literaria. Otros escritores, sin embargo, vivían con miedo la apertura incontrolada a un público cada vez más amplio y desconocido.

En un poema, Horacio riñe a su libro más reciente, como si fuera un joven efebo con demasiadas ganas de exhibirse, incluso de prostituirse.

TE QUEJAS DE QUE TE VEAN POCOS Y ALABAS LOS LUGARES PÚBLICOS. ¿QUÉ HE HECHO, POBRE DE MÍ?, DIRÁS, CUANDO SACIADO SE CANSE TU AMANTE.

CUANDO, MANOSEADO POR EL VULGO, EMPIECES A ENSUCIARTE.

Para los autores romanos, lo más habitual y confortable era que un libro solo lo leyeran allegados. Detrás de estas bromas en clave erótica late un cambio histórico: lectores anónimos acceden a la lectura.

Horacio acaba amenazando al descarado librito con un destino humillante.

SERVIRÁS DE PASTO A LAS POLILLAS O TE ALCANZARÁ LA VEJEZ EN UN RINCÓN ENSEÑANDO LAS LETRAS A NIÑOS, O SERÁS ENVIADO A ILERDA*.

\* Actual Lleida.

Muchos autores sentían pudor e inseguridad ante ese naciente público de lectores ajenos y desconocidos.

## LIBRERO: OFICIO DE RIESGO

A los veinte años, Helene se instala en Manhattan soñando con ser escritora. Malvive como guionista de televisión mientras crea obras teatrales que nadie quiere producir.

Una mañana tropieza con el anuncio de una librería londinense especializada en libros agotados. En otoño de 1949, hace su primer pedido al n.º 84 de Charing Cross Road.

Los libros empiezan a viajar a través del océano. Además de listas y pagos, las cartas de Helene describen el placer de desembalar cada ejemplar y acariciar sus páginas color crema.

O su cómica decepción si la obra no le gustaba, sus impresiones, sus apuros económicos... El tono envarado de las respuestas del librero, Frank, se relaja con el paso de los meses y las cartas.

En diciembre, llega a la librería un paquete navideño para los empleados. Contiene jamón, latas de conservas, y otros productos que, en esos tiempos difíciles, los ingleses solo encuentran en el mercado negro.

Frank nunca lo revela, pero se deja la piel en la búsqueda de los libros más bellos para Helene. Una emoción sin palabras y un deseo callado se infiltran en esa correspondencia.

Transcurren los años y los libros. Frank, casado, ve crecer a sus dos hijas. Helene, sin un céntimo, subsiste gracias a los guiones televisivos. Han creado un lenguaje propio, plagado de frases ingeniosas para quitar hierro a su amor omitido.

Helene planea viajar a Londres en cuanto reúna dinero para los billetes, pero las eternas miserias de la escritura retrasan el encuentro. En 1969, Frank muere de repente. Su viuda escribe unas líneas a Helene: «No me importa reconocer que a veces he estado muy celosa de ti».

Helene publicó las cartas de los dos en un libro que pronto se convierte en una novela de culto, adaptada al cine y al teatro. Tras décadas escribiendo piezas que nadie quiere producir, Helene Hanff triunfa con una obra que nunca pretendió serlo.

Gracias al éxito del libro por fin puede viajar a Londres, pero es demasiado tarde: Frank ya no está y la librería que regentaba, Marks & Co., ha desaparecido.

Esta correspondencia solo contiene la mitad de la historia. La otra mitad palpita en los libros que Frank buscó para Helene.

Entregar a alguien que nos importa una lectura elegida es un poderoso gesto de intimidad. Si un amigo, una amada o un amante nos regala una novela o un poemario, nos abrimos con mayor intensidad a su misterio. Buscamos en su océano de letras un mensaje embotellado para nosotros.

Ya desde tiempos de Marcial los libreros ejercen un oficio de riesgo. El poeta presenció en Roma la ejecución de un historiador que molestó al emperador Domiciano con ciertas alusiones contenidas en su obra. Para mayor escarmiento, también los copistas y libreros que pusieron en circulación aquella crónica prohibida sufrieron pena de muerte.

Un apasionante libro de memorias da voz a los libreros de la caótica y autoritaria España del siglo XIX. El autor británico George Barrow recibió el peligroso encargo de difundir la Biblia anglicana. Recorrió caminos polvorientos y casi clandestinos para depositar sus ejemplares en las principales librerías de capitales y pueblos.

En Santiago de Compostela trabó amistad con un veterano del oficio.

LOS LIBREROS ESPAÑOLES SOMOS LIBERALES, AMAMOS NUESTRA PROFESIÓN, Y CASI TODOS HEMOS SUFRIDO POR ELLA.

EN LOS TIEMPOS DE TERROR AHORCARON A MUCHOS POR VENDER INOFENSIVAS TRADUCCIONES DEL FRANCÉS Y DEL INGLÉS. HUÍ Y ME REFUGIÉ EN LA PARTE MÁS AGRESTE DE GALICIA. GRACIAS A LOS BUENOS AMIGOS PUEDO CONTARLO.

MIENTRAS ESTUVE ESCONDIDO, FUNCIONARIOS ECLESIÁSTICOS SE HICIERON CARGO DE LA LIBRERÍA. LE DECÍAN A MI MUJER QUE ERA MENESTER QUEMARME POR VENDER LIBROS MALOS.

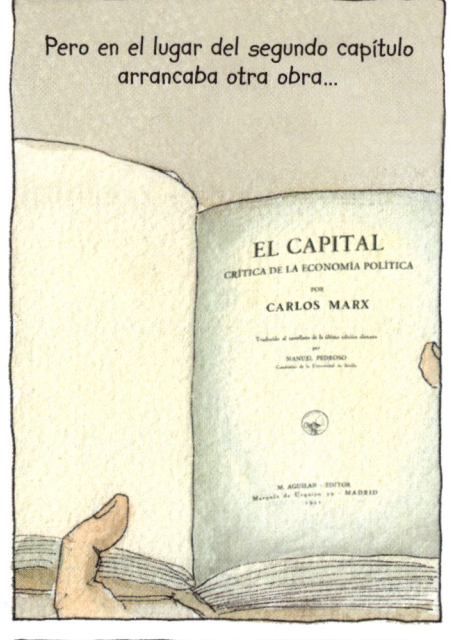

Recuerdo una mañana de los años noventa con mi padre, en una librería de viejo en Madrid.

Allí podía pasar horas. Parecía que estaba cavando en una mina.

Ese día desenterró un *Quijote*.

Pero en el lugar del segundo capítulo arrancaba otra obra...

Se le iluminó la cara. No era un error de impresión, sino un libro clandestino, un recuerdo vivo de su juventud y sus lecturas enmascaradas.

Me contó sus aventuras en busca de libros prohibidos bajo el franquismo. En tiempos autoritarios, las librerías son trincheras de palabras.

*Una librería en Berlín*, de Françoise Frenkel.

OJALÁ ESTAS PÁGINAS PUEDAN INSPIRAR UN PENSAMIENTO PIADOSO HACIA LOS QUE FUERON SILENCIADOS.

Así empieza el libro de Françoise Frenkel, librera judía nacida en Polonia, cuyos pasos nómadas condujeron a París. Allí aprendió el oficio de librera y sus sutilezas: «Lograba desentrañar el estado de ánimo de cada lector. Discretamente colocaba a su alcance el libro oportuno. Si parecía de su agrado, me sentía exultante».

En 1921, fundó una librería francesa en Berlín, La Maison du Livre, que acogía a clientela cosmopolita y organizaba conferencias de escritores.

Gide
Colette
Maurois

Con la llegada de los nazis al poder, la Gestapo interrogó a Françoise. Durante las noches de los Cristales Rotos, Berlín crepitó a la luz de las teas y las sinagogas incendiadas. A las puertas de su librería, ella estaba dispuesta a defender cada libro con todas sus fuerzas.

Dos individuos armados se acercaron con gesto desafiante y consultaron su lista.

NO ESTÁ.

La precaria protección de la Embajada francesa evitó el asalto, por el momento... Françoise supo que ya no había lugar en Berlín para su pequeño oasis de libros. Lo más sensato sería escapar.

Pasó su última noche velando los estantes donde sus clientes acudían a consolarse, a respirar libremente. Ella, sin casa, sin apenas equipaje, pasaría a formar parte del monstruoso hormiguero humano de fugitivos que se extendía por Europa.

Es poco probable que Hitler cruzase alguna vez el umbral de La Maison du Livre. Sin embargo, la literatura había sido también un refugio para él. Sus problemas pulmonares en la adolescencia lo convirtieron en un lector compulsivo. Amigos de juventud lo recuerdan frecuentando librerías y bibliotecas, rodeado de pilas de libros, sobre todo tratados de historia y sagas de héroes alemanes. *Mein Kampf* lo convirtió en el autor del gran best seller de esos años. A su muerte, había vendido diez millones de ejemplares.

Apasionado lector, Mao Zedong abrió una librería en Changsha. El éxito del negocio financió su sueño subversivo. Décadas después su Revolución Cultural dejó una estela de libros quemados e intelectuales encarcelados o asesinados.

Como escribe Jorge Carrión, quienes diseñaron los mayores sistemas de control, represión y censura eran gente culta, grandes lectores.

Al convertirse en tiranos, esos impenitentes letraheridos persiguieron y atacaron los libros. Quizás porque conocían su poder.

Escribió Paco Puche que las librerías tienen un influjo sutil y secreto en las calles y barrios. Estos hogares de libros pueden parecer espacios serenos, alejados del mundo trepidante, pero en sus anaqueles palpitan las luchas de cada siglo.

Entrevistando a Paco, librero de Cálamo en Zaragoza, averigüé que también mi país tuvo sus noches de cristales rotos. Durante largos meses, entre 1976 y 1977, varias librerías españolas fueron objetivo de atentados que recuerdan la atmósfera de los últimos días berlineses de Françoise Frenkel.

Un grupo denominado «Comando Adolfo Hitler» reivindicó varios de estos asaltos, que en sus comunicados justificaban por la presencia de libros marxistas y de izquierdas en las librerías. Una noche de noviembre de 1976, explotó un potente artefacto en Pórtico. Era el quinto en pocos meses. El librero, José Alcrudo, declaró:

YO SOLO VENDO LIBROS. POR ESO PIENSO QUE ESTOS ATENTADOS NO SON CONTRA MÍ, AUNQUE YO LOS SUFRA, SINO CONTRA LA CULTURA.

Libros y librerías han sido siempre asediados. Todavía hoy. Cuando Salman Rushdie publicó en 1988 sus satíricos *Versos satánicos*, se desencadenó una espiral de censura y violencia. Un ministro de la India prendió la mecha al condenar la obra por blasfema.

Televisaron imágenes de muchedumbres enfurecidas quemando ejemplares en las calles. Los incidentes se extendieron a todo el planeta y, en pocas semanas, el autor recibió amenazas de muerte en su casa londinense. El ayatolá Jomeini lanzó una fetua que incitaba a ejecutar al autor y a todos los que estuvieran relacionados con la edición y la difusión del libro. Se sucedieron ataques a librerías y múltiples atentados: asesinaron al traductor japonés, apuñalaron al italiano, y dispararon al editor noruego en su propia casa.

Más de 30 años después, mientras Rushdie pronunciaba una conferencia sobre literatura en las cercanías de Nueva York, fue apuñalado por un desconocido. Su vida estuvo en peligro, perdió la visión de un ojo y la movilidad de una mano. En una entrevista, antes de la fetua, Rushdie había afirmado: «Es absurdo pensar que un libro pueda provocar tumultos. ¡Qué forma más rara de ver el mundo!». Su lucha prueba que la palabra escrita ha sido siempre tenazmente perseguida: lo raro son los tiempos de paz.

## INFANCIA Y ÉXITO DE LOS LIBROS DE PÁGINAS

Hace tiempo que los catastrofistas profetizan que los libros van a extinguirse, sustituidos por innovadoras tecnologías. Al comparar algo viejo y algo nuevo, como un libro y una tableta, o una monja y un adolescente que chatea, siempre creemos que lo nuevo tiene más futuro. Y en realidad sucede lo contrario, cuanto más tiempo lleva un objeto o una costumbre entre nosotros, más porvenir tiene. Es más probable que en el siglo XXII haya monjas y libros que WhatsApp y tabletas.

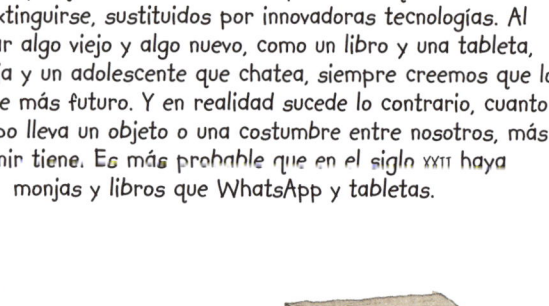

---

A finales de los años sesenta, los ordenadores solo tenían un uso empresarial o militar, ocupaban habitaciones enteras y eran tan caros como una casa.

ME LLAMO ALAN KAY, SOY UN VISIONARIO Y VOY A CAMBIAR VUESTRAS VIDAS.

---

Kay era un joven científico contratado en el Palo Alto Research Center (PARC) de Xerox, y comprendió que los ordenadores podían ser un fenómeno de masas. Los libros fueron la inspiración para su invento: tenía que ser pequeño, portátil, asequible y fácil de usar.

Su «libro dinámico» era solo un proyecto, pero confiaba en que el futuro haría realidad ese sueño tecnológico.

---

La idea de Kay se materializó en el ordenador Alto. En pocos años, un millar de aparatos se usaban ya en varias universidades, el Senado y el Congreso de los Estados Unidos, así como en la Casa Blanca. Nacía un nuevo mundo.

---

En 1979, Steve Jobs visitó PARC y quedó anonadado. El concepto del Alto fue decisivo para todos los hallazgos de Apple. Esa inspiración original sigue viva en portátiles, tabletas y teléfonos inteligentes: ligeros y compactos como un libro de bolsillo.

En los años 80, Sumner Stone, calígrafo y director de tipografía de la empresa Adobe, contrató a un equipo de diseñadores para que crearan nuevas fuentes. Se inspiraron en tradiciones antiguas: LITHOS –de inspiración griega–, TRAJAN –por la columna de Trajano– y CHARLEMAGNE –sobre manuscritos medievales–. En la siguiente década, crearon el PDF, utilizando el mismo diseño de un libro, con márgenes y páginas numeradas. Fue inteligente trazar una continuidad con el pasado para que el invento tuviera porvenir.

Carta al año 2176

¿Qué?
¿Todavía escucháis a Mendelssohn?
¿Todavía recogéis margaritas?
¿Todavía celebráis los cumpleaños de los niños?
¿Todavía ponéis nombres de poetas a las calles?

Y a mí, en los años setenta de dos siglos atrás, me aseguraban que los tiempos de la poesía habían pasado –al igual que el juego de las prendas, o los bailes o leer las estrellas, en casa de los Rostov–.
¡Y yo, tonto, casi lo creí!

Izet Sarajlić, 1976

Lo viejo y lo nuevo están entrelazados con el hilo de innumerables hallazgos. Los antiguos unieron las primigenias tablillas con pequeños cordeles.

Después, sustituyeron las tablas por materiales flexibles como el papiro, el pergamino o el papel. Cosieron sus páginas y así nacieron nuestros libros.

Con los siglos, la tecnología creó páginas de luz –las pantallas– inspirándose en el diseño de tablillas y libros.

Las raíces del futuro son tan antiguas como nuestra memoria.

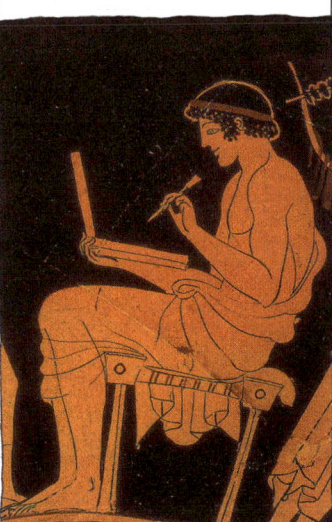

Marcial fue un emigrante hispano en Roma. Se instaló en la capital de las oportunidades, un precedente del sueño americano. Pronto conoció el lado oscuro: el frío, los alojamientos sórdidos y la miseria. Por eso, en su poesía satirizó a los mecenas tacaños, la intelectualidad dedicada a sablearlos y la enmarañada red de amos y aduladores que asfixiaba a la urbe imperial.

Cuando aún predominaban los rollos, fue el primero en mencionar los libros de páginas, llamados «códices». Publicó un catálogo humorístico en verso para las Saturnales, las fiestas de diciembre. Proponía, como regalos baratos para compradores tacaños, cinco obras literarias escritas como códices «de bolsillo» en pergamino.

Los llamaban «pugilares» porque cabían en un puño.

El códice triunfó gracias a la preferencia de los cristianos, víctimas de persecuciones durante siglos. Ante algún peligro, los pequeños libros eran más fáciles de esconder entre los pliegues de la túnica.

Quienes hemos leído alguna vez a escondidas, desafiando la prohibición de los adultos, somos herederos directos de aquellos primeros lectores furtivos.

Descendemos de lecturas clandestinas, no consentidas.

Durante muchos siglos, los rollos y los códices coexistieron, igual que hoy utilizamos los libros de papel y los electrónicos. En la historia de los formatos, la pauta es la convivencia, no la sustitución.

De hecho, el rollo sigue vivo, de algún modo, entre nosotros. Cuando navegamos en una pantalla, hacemos *scroll* –«rollo»– en vertical para continuar la lectura. El «rol» del actor deriva de los rollos que usaban los comediantes en el medievo para memorizar sus textos. Decimos que es un «rollo» aquello que nos aburre porque parece no acabar nunca. Y los gurús tecnológicos anuncian pantallas enrollables en un futuro próximo. Los primeros libros se niegan a extinguirse del todo.

## BIBLIOTECAS PÚBLICAS EN LOS PALACIOS DEL AGUA

El 15 de marzo del año 44 a. C., idus de marzo según el calendario romano, apuñalaron a Julio César en el Senado.

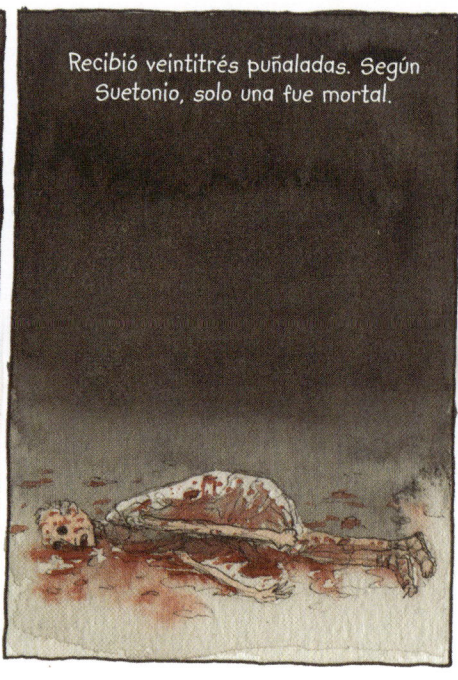

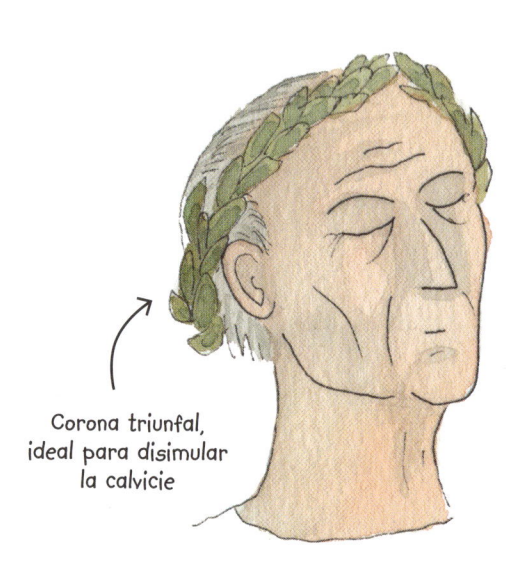

En nombre de la libertad, un grupo de senadores hundieron sus dagas en el cuerpo de un hombre de cincuenta y seis años.

Recibió veintitrés puñaladas. Según Suetonio, solo una fue mortal.

Corona triunfal, ideal para disimular la calvicie

Los conspiradores se autodenominaban «libertadores», y consideraban a César un tirano. ¿Lo era? Fue un general carismático y un político sin escrúpulos de gigantesca ambición. Algunos contemporáneos calificaron su campaña en las Galias como genocidio. Su nombre –césar, zar– ha simbolizado siempre el poder autoritario. Pero tirano o no, su asesinato no salvó la República.

El crimen de los idus fue una salvajada que desencadenó una larga guerra civil y más muertes. Sobre las ruinas humeantes, Augusto, sobrino y heredero de César, instauró la monarquía imperial.

El joven emperador hizo colocar una estructura de hormigón para señalar el escenario del crimen. Hoy, los gatos callejeros de Roma se refugian en el lugar donde agonizó Julio César. Con su asesinato también salieron perdiendo los lectores pobres. César tenía previsto construir la primera biblioteca pública de Roma.

Años después, Asinio Polión, seguidor de César, hizo realidad su sueño. Inauguró una *biblioteca* en el mismo edificio que, simbólicamente, albergaba a la diosa Libertad. El interior estaba dividido en dos secciones, una para obras en griego y otra en latín. La primera estaba rebosante de libros, la segunda acusadoramente vacía: los colonizadores se sentían abrumados por el apabullante patrimonio intelectual de un territorio conquistado. Se construirían después más bibliotecas públicas: los restos mejor conservados son los de la biblioteca de Trajano.

Imagino la sorpresa ante aquella colección de veinte mil libros accesibles a cualquier lector, y el despliegue de belleza y comodidades, hasta entonces privilegio de la aristocracia. Ya no hacía falta cortejar a los ricos para leer en un ambiente fastuoso.

A partir del siglo II, las nuevas salas de lectura se integraron en los baños públicos imperiales. Las termas se convirtieron en precursoras de nuestros centros comerciales, con gimnasios, espacios para lectura, teatro, piscinas, sala de vapor, jardines, establecimientos para comer y biblioteca griega y latina. Todo financiado por los emperadores.

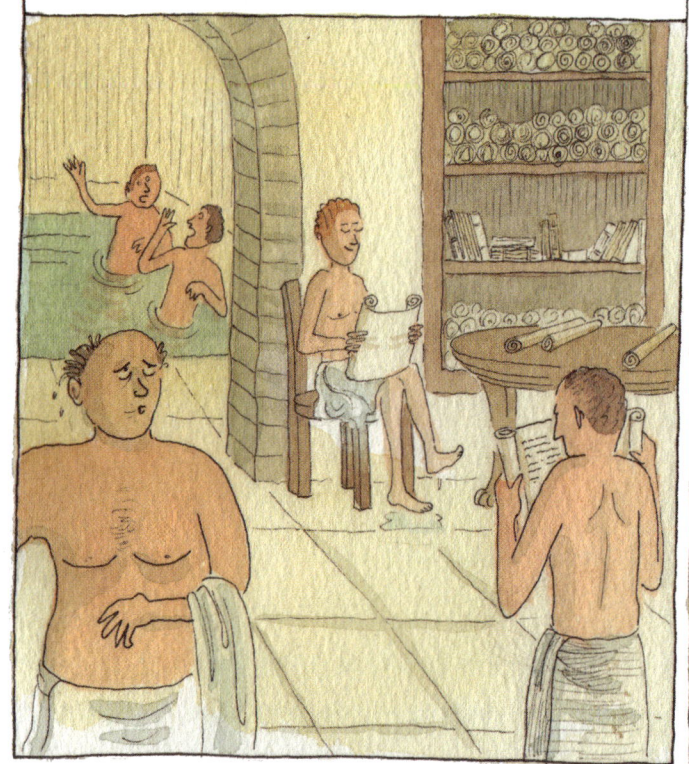

Séneca se desesperaba intentando concentrarse en su despacho, situado justo sobre unas termas. El jolgorio de los baños, los gritos de los levantadores de pesas y los tantos del juego de pelota no propiciaban la mejor atmósfera para escribir *De tranquilitate animi*.

NO QUEREMOS LAVARNOS EN LOS BAÑOS.

Los placeres del agua eran una seña de identidad de la cultura pagana y la civilización de Roma, hasta tal punto que los cristianos más estrictos abominaban de las termas como antro de sensualidad, sibaritismo y corrupción espiritual. Para los ascetas, el hedor era signo de devoción.

Simeón el Estilita no se dejaba tocar por el agua y sus discípulos «no podían subir por la escalera hasta que no se habían untado en la nariz incienso y ungüentos fragantes».

Tras dos años en una cueva, san Teodoro de Siqueón emergió «con un hedor tal que nadie soportaba estar cerca de él». En aquel tiempo el «olor a santidad» era fétido.

## DOS HISPANOS: EL PRIMER FAN Y EL ESCRITOR MADURO

El fenómeno fan no nació con Elvis ni los Beatles, ni siquiera con el rock'n'roll, sino mucho antes. En el siglo XIX, un pianista húngaro que agitaba la melena sobre el teclado provocó un delirio de masas conocido como «lisztomanía». Franz Liszt fue el icono erótico del siglo victoriano. Sus fans se arremolinaban, gritaban, sollozaban y sufrían desmayos. Las mujeres intentaban robarle pañuelos y guantes, cortarle mechones de pelo... Una mujer recogió los restos de su puro y los llevó en el escote, dentro de un medallón, hasta el día de su muerte.

La palabra *celebrity* se usó por primera vez para referirse a él.

SOY IRRESISTIBLE...

El primer fan conocido de la historia fue un hispano de Gades. Emprendió un peligroso viaje de más de cuarenta días desde Cádiz hasta Roma para ver de cerca a su artista favorito, el historiador Tito Livio. Recorrió las calzadas del imperio, sembradas de estacas con bandidos ejecutados. Tembló ante la amenaza de salteadores, afrontó la sed y el miedo.

Llegó a Roma y consiguió ver al famoso Livio de lejos. Boquiabierto y pasmado, sin atreverse a hablar con su ídolo, dio media vuelta y regresó a su hogar.

Este será tu último gran viaje. Dejas atrás Roma, donde has vivido más de treinta años. Allí has sido un parásito ocurrente en las mansiones nobles, el gracioso de sus fiestas.

Desembarcas en el puerto de Tarraco. Tras seis días de carro por los caminos de Hispania, llegarás a tu tierra natal.

En Cesaraugusta compras dos esclavos en una subasta. Un triunfador de la capital del imperio debe llegar escoltado por hombretones de espaldas anchas y pecho frondoso.

De camino, te emociona contemplar al solitario monte Cayo —el Moncayo—, cuya silueta inspirará en el futuro a otros escritores, un tal Bécquer y un tal Machado.

A orillas del río Jalón, revives los chapoteos de tu infancia junto a otros niños.

Llegas por fin a la escarpada Bilbilis. Ahora que te retiras, ¿te esperan en tu tierra hordas de fans? Conociendo a tus vecinos, más bien alguna frase despectiva entre dientes.

Aún no lo sabes, pero encontrarás una amante madura y rica, Marcela, que admira tus versos. Gracias a esta apasionada fan, vivirás al fin plácidamente, sin la amenaza cotidiana de la miseria. Bajo el cielo tranquilo de Celtiberia, amigo Marcial, dormirás a pierna suelta.

Aquí hallarás la paz deseada, aunque siempre añorarás las reuniones, los teatros, las bibliotecas, los placeres y el bullicio de Roma.

# HERCULANO: LA DESTRUCCIÓN QUE PRESERVA

El 24 de octubre del año 79, el tiempo se detuvo en Pompeya y Herculano, dos ciudades de moda en la bahía de Nápoles. Aquel día de otoño, desde el amanecer, un jirón de humo negro se alzó desafiante del cráter del Vesubio hacia el cielo. Pronto empezó a caer sobre las calzadas de Herculano una lluvia de cenizas y fuego, hasta que un río de lava a 600 °C arrasó con todo. Pompeya quedó envuelta en vapores de azufre que volvieron el aire irrespirable. Después cayó un granizo de piedras volcánicas. La gente corría horrorizada, pero ya era tarde para huir.

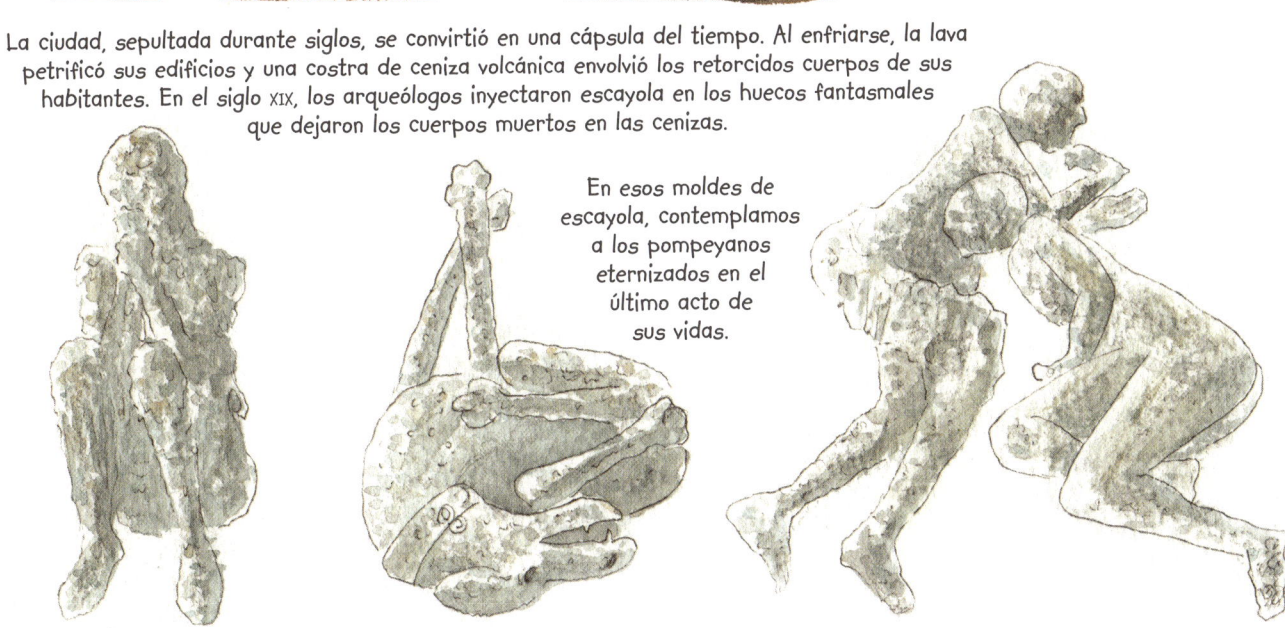

La ciudad, sepultada durante siglos, se convirtió en una cápsula del tiempo. Al enfriarse, la lava petrificó sus edificios y una costra de ceniza volcánica envolvió los retorcidos cuerpos de sus habitantes. En el siglo XIX, los arqueólogos inyectaron escayola en los huecos fantasmales que dejaron los cuerpos muertos en las cenizas.

En esos moldes de escayola, contemplamos a los pompeyanos eternizados en el último acto de sus vidas.

Fig. 1 Villa de los Papiros

### Fig. 1 ¿QUÉ SABEMOS DE HERCULANO?

Varias generaciones antes de la catástrofe, el suegro de Julio César había encargado un palacio en Herculano. Cuando en el siglo XVIII los arqueólogos sacaron a la luz los restos de la fastuosa residencia, encontraron la única biblioteca superviviente del mundo clásico. Una colección de dos mil rollos carbonizados que la erupción destruyó y preservó al mismo tiempo. La mansión romana se conoce como la Villa de los Papiros.

### Fig. 2 ¿QUÉ HABÍA DENTRO DE LA VILLA?

Aquel 24 de octubre, la explosión de gas del volcán carbonizó los rollos de papiro. Al desenterrarlos, los excavadores y cazadores de tesoros los confundieron con trozos de carbón y troncos quemados. Solo tiempo después descubrieron que tenían entre manos libros que habían viajado desde el pasado. Entre sus pliegues, podría dormir alguna de esas legendarias obras perdidas de Safo o Sófocles, palabras silenciadas que fueron condenadas al olvido.

Fig. 2 Rollos de papiro carbonizados

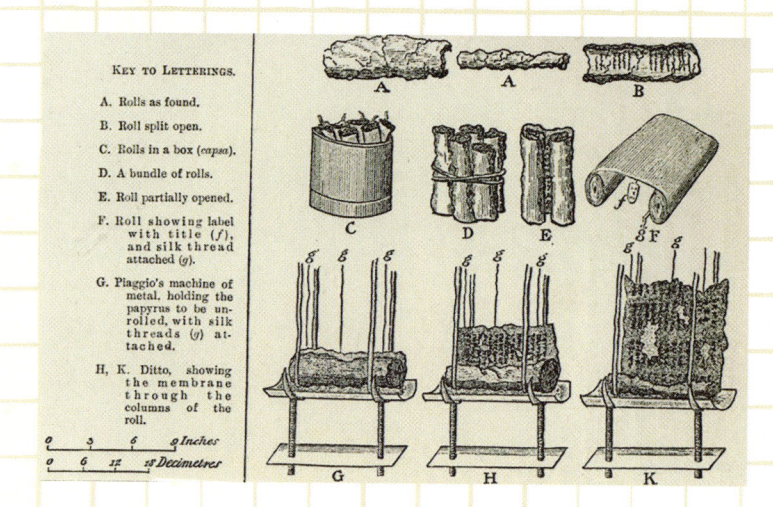

Fig. 3 Instrucciones para descifrar rollos carbonizados

### Fig. 3 ¿CÓMO DESCIFRARLOS?

Desde entonces, los investigadores han explorado técnicas innovadoras para descifrar los secretos ocultos en los rollos carbonizados. Pese a los avances tecnológicos, ninguno de los rollos identificados hasta ahora contiene uno de esos tesoros que tanto codiciamos.

Los primeros arqueólogos de Herculano descubrieron un buen número de rollos apilados en el suelo de la finca de los Papiros, dentro de fundas de viaje, como si su dueño hubiera hecho un último esfuerzo por salvarlos antes de quedar sepultados bajo los veinte metros de detritus volcánicos.

Por una extraña ironía de la historia, esa biblioteca del apocalipsis es la única superviviente de una extensa cartografía borrada.

## OVIDIO CHOCA CONTRA LA CENSURA

Tuvo éxito, y lo disfrutaba. Era divertido, sociable, hedonista. Saboreaba *la dolce vita* romana. Resultaba difícil perdonar a un hombre tan feliz.

Su padre lo envió a Roma para convertirlo en un respetable abogado, pero Ovidio prefería la poesía al derecho. Con sus versos, no solo defraudó a su padre biológico, sino que disgustó también al padre simbólico de todos los romanos, el emperador Augusto. Pagaría muy cara esta segunda rebeldía.

Su *Arte de amar*, manual en verso para aprender a ligar, enseñaba a las mujeres técnicas de seducción. También les advertía sobre las tretas de los hombres para engañarlas. Creó una intimidad hasta entonces desconocida entre un autor y sus lectoras.

En la Roma antigua, el sexo tenía sus normas. Los matrimonios eran un pacto económico entre familias que entregaban sus muchachas jóvenes a hombres ricos ya maduros. Los esclavos estaban siempre a disposición de los apetitos de sus amos, y además se permitían la prostitución y la pedofilia con personas de rango inferior.

Las relaciones sexuales no eran recíprocas ni igualitarias: era una cuestión de privilegio. Ovidio hizo añicos esas convenciones al escribir que le gustaban las mujeres maduras, no las niñas. Y que deseaba el placer de su compañera.

«Prefiero una amante que haya sobrepasado los 35 años. Tiene experiencia, que constituye todo el talento, conoce su placer y en el amor mil posiciones. ¡Que ninguna mujer haga conmigo el amor por obligación! Me gusta que su voz traduzca su alegría».

*El arte de amar* fue considerado un libro obsceno y peligroso. El descaro de Ovidio chocó directamente con el afán moralizador del emperador Augusto, cuyas Leyes Julias fortalecían la familia y las tradiciones antiguas, castigando con severidad el adulterio y multando a quienes no tenían hijos.

Ovidio fue condenado al exilio. Con calculada crueldad, Augusto lo arrojó a un territorio salvaje, situado en los confines del Imperio, lejos de todo lo que para él valía la pena: amigos, amor, conversaciones, libros...

Su tercera esposa permaneció en Roma para suplicar el indulto. El poeta partió solo al destierro. Nunca volverían a encontrarse.

Sobrevivió nueve años enviando constantes súplicas y escribiendo sus *Tristia*, un precedente de la carta *De profundis* que siglos más tarde redactaría desde prisión otro gran vividor castigado, Oscar Wilde.

Augusto también ordenó desterrar sus versos de las bibliotecas públicas, inaugurando la censura moral en Europa.

A lo largo del tiempo, *El arte de amar* ha sido prohibido una y otra vez. Pese a las persecuciones, ese librillo alegre y erótico se ha abierto camino hasta nuestras bibliotecas. Su historia es la de un largo salvamento a través de los siglos, protagonizado por los lectores en quienes confió Ovidio. También la subversión forja clásicos.

## LA DULCE INERCIA

Roma conoció a muchos emperadores suspicaces, sin demasiado sentido del humor. A principios del siglo II, la censura y el miedo empezaban a pudrir la atmósfera.

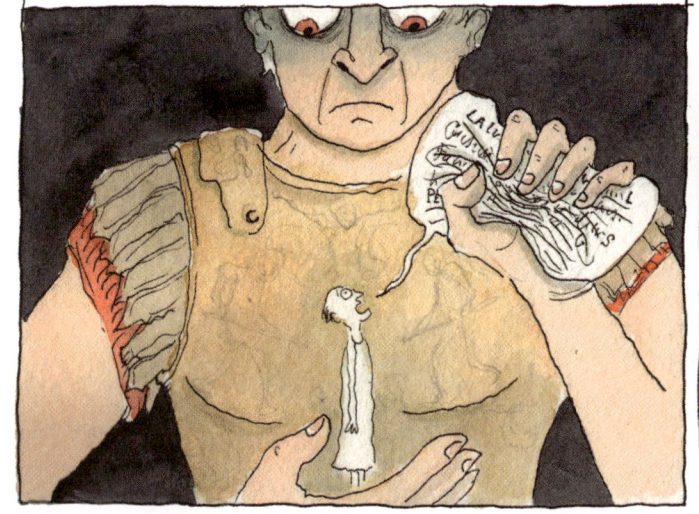

El historiador Tácito investigó qué molesta a los poderosos, por qué se escandalizan, qué intentan silenciar, y todo lo que acecha tras las tachaduras de los textos mutilados.

Relata cómo Cremucio Cordo, un historiador de ideas republicanas, fue procesado por escribir en sus *Anales* reflexiones que molestaron al emperador.

«BRUTO Y CASIO, ASESINOS DE JULIO CÉSAR, FUERON "LOS ÚLTIMOS ROMANOS".»

Compareció ante el Senado y después se dejó morir de hambre para escapar de una peor condena. El veredicto exigió la quema de todos los ejemplares de su obra.

Los *Anales* se salvaron gracias a la valentía de su hija Marcia, que conocía el valor de los libros y ocultó el último manuscrito que quedaba, corriendo gran peligro.

Séneca admiraba a la joven por atreverse a desobedecer, y le dedicó un ensayo en el que decía:

«LAS MUJERES TIENEN EL MISMO PODER INTELECTUAL QUE LOS HOMBRES, Y LA MISMA CAPACIDAD PARA LAS ACCIONES NOBLES Y GENEROSAS».

Al intentar silenciar un texto, los censores lo convierten en el centro de todas las miradas. Si se ordena retirar una obra de arte, todo el mundo habla de ella. Si un juez exige secuestrar un libro, la gente se lanza a comprarlo.

Aunque la prohibición siempre da alas a las ideas que persigue, el poder ha recurrido a la censura siglo tras siglo —hasta nuestros días—, avivando el fuego de la barbarie.

Los esfuerzos destructivos de los emperadores tuvieron escaso efecto. La circulación de libros en la Antigüedad era incontrolable. Lectores, libreros y copistas multiplicaban las obras condenadas de manera clandestina.

Tácito comprendió que el efecto más poderoso de estas persecuciones es atemorizar a los demás, a los menos valientes, a la creatividad misma.

Siempre resulta más decisiva la autocensura que la censura. Tácito lo llamó «la dulce inercia», es decir, la renuncia a correr riesgos, la tentación de callarse para evitar conflictos o represalias.

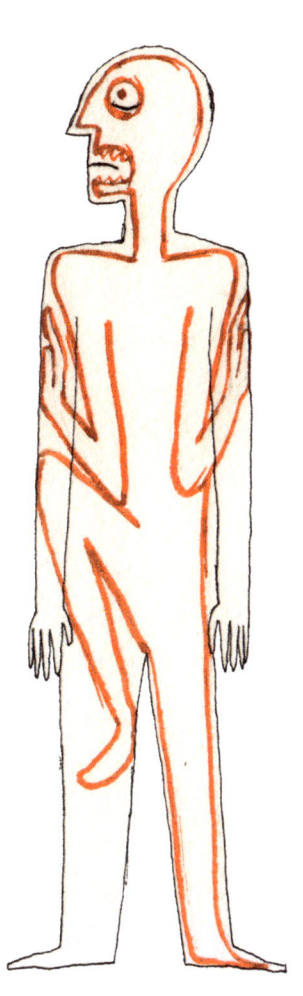

LA DULCE INERCIA: SILENCIAR UNO MISMO SU VOZ Y SU MEMORIA.

En todas las épocas, el campo de batalla no es solo la censura del poder, sino también los miedos interiores.

## VIAJE AL INTERIOR DE LOS LIBROS Y CÓMO NOMBRARLOS

Desde la piedra y el barro, atravesando el papiro y el papel, los libros se han vuelto cada vez más ligeros, etéreos, inmateriales. Sus herederos electrónicos –hechos de luz– son livianos, baratos, fáciles de multiplicar hasta el infinito, pero estrictamente controlados. En 2009, sin previo aviso, Amazon borró la novela *1984* de todos los Kindles. George Orwell, su autor, hubiera sonreído ante el simbolismo literario.

Yo, que de niña pensaba que escribían los libros para mí, idealizo con facilidad aquellos antiguos manuscritos irrepetibles. En realidad, esos primeros libros eran mucho menos acogedores que los nuestros. La antigua escritura era como una selva intrincada: durante muchos siglos las palabras se amontonaban sin separación, no distinguían mayúsculas y minúsculas, y los signos de puntuación se usaban de forma errática. El lector debía abrirse paso entre la espesura de letras como un explorador en tierra desconocida.

El gran cambio llegó con la página impresa. El texto, hasta entonces apelmazado en bloques compactos, empezó a subdividirse en párrafos. Los capítulos y la paginación servían como brújula para orientarse en la lectura. Gracias a los índices, los lectores poseían un mapa interior para adentrarse en las páginas. Con el paso de los siglos, las cerradas junglas de letras se convirtieron en ordenados jardines de palabras para tranquilos paseantes.

En tiempos de la escritura egipcia, la imagen se incorporó a los papiros como ayuda visual para aclarar y complementar los textos, difíciles de leer.

En los bordes de los manuscritos medievales tiene su origen «marginal» el cómic. Las primeras tiras ilustradas de la historia nacieron, literalmente, en los márgenes.

En torno a los textos surgieron encajes de dragones, serpientes, monstruos y plantas trepadoras. Las ilustraciones se rodeaban con un marco de orlas vegetales y hojas de vid: de ahí viene la palabra «viñeta».

En la misma época, los códices mesoamericanos mostraban con desbordante imaginación escenas sucesivas delimitadas por líneas e incluso textos descriptivos y diálogos.

En diversos lugares del mundo, las páginas se poblaron de seres humanos, animales, paisajes y fantasías. En estas cintas de palabras que emergen de la boca de monjes medievales, late el torrente verbal de nuestros globos.

El cómic es heredero de este deslumbrante pasado gráfico. Los personajes de nuestros álbumes contemporáneos, como los seres de aquellos remotos manuscritos, pertenecen a mundos fronterizos, extraños, hipnóticos, distorsionados. Y, como ellos, reclaman nuestra mirada, luchando por no quedar al margen.

¿QUÉ ES UN CLÁSICO?

Hasta tiempos muy recientes, solo se dedicaban a la literatura los ricos o sus protegidos. La historia no la escriben tanto los vencedores como esa pequeña fracción de la humanidad que dispone del ocio, la educación y sobre todo el dinero necesarios para permitirse reflexionar. La palabra «clásico» deriva del vocabulario de la riqueza y la propiedad. Los romanos llamaban *classis* al estamento más rico por contraste con la «chusma restante» denominada, sin rodeos, *infra classem*.

Los llamados clásicos eran *la crème de la crème* económica, las grandes fortunas. Hablar de «clásicos» implica utilizar una terminología de origen clasista, como su propio nombre indica. A la literatura, el término llegó como metáfora. Algunos críticos decidieron que había autores de primera clase, o sea, fiables y solventes, a los que se podía prestar (atención) y en los que era recomendable invertir (tiempo).

En el otro extremo de la jerarquía estaban los escritores «proletarios», los pobres emborronadores de papiro, sin patrimonio ni padrinos.

Los clásicos no son libros aislados, a su alrededor crean estirpes y constelaciones. Italo Calvino afirmó que son obras que «nunca terminan de decir todo lo que tienen que decir», porque sus ecos resuenan en clásicos posteriores. Se esconden unos en los pliegues de otros.

Homero forma parte de la genética de Joyce y Eugenides.

El mito platónico de la caverna regresa en *Alicia en el País de las Maravillas* y *Matrix*.

El doctor Frankenstein de Mary Shelley fue imaginado como un moderno Prometeo.

El viejo Edipo se reencarna en el rey Lear.

El cuento de Eros y Psique en *La Bella y la Bestia*.

Hércules en *Hulk*.

Gilgamesh en *Supermán*.

Luciano en Cervantes y en *Star Wars*.

Heródoto en *La ciudad de cristal* de Paul Auster.

Existe un peligro. Al convertir los clásicos en lecturas escolares obligatorias, corremos el riesgo de percibirlos como imposiciones que nos ahuyentan.

En *La desaparición de la literatura*, Mark Twain propone una definición irónica:

> CLÁSICO ES UN LIBRO QUE TODO EL MUNDO QUIERE HABER LEÍDO PERO NADIE QUIERE LEER.

Como los viejos rockeros, siempre en activo, los clásicos envejecen *sobre el escenario y se adaptan a nuevos tipos de público. Los mitómanos se rascan el bolsillo para ir a sus conciertos, los irreverentes los parodian, pero nadie los ignora. Forman parte de la biblioteca colectiva.

«Los clásicos son libros que, cuanto más creemos conocer de oídas, más nuevos e inesperados resultan al leerlos. Regresar a sus páginas es siempre una lectura de descubrimiento». (Italo Calvino)

Siglos después de nacer, atraen nuevos lectores. Esquivan las modas, los cambios históricos y políticos. Siguen vivos en los teatros, son adaptados al cine y al cómic. Cada nuevo lenguaje —publicidad, rap, videojuegos— los adopta y los realoja. Los clásicos son grandes supervivientes.

Hace 2500 años, Eurípides estrenó *Las troyanas* en un teatro abarrotado de atenienses, deseosos de celebrar el orgullo patrio. El chasco fue épico. Escucharon la rabia y la desesperanza de las madres del bando enemigo que los acusaban de crueldad. Las habían violado y esclavizado, habían arrojado a bebés desde los muros, habían perpetrado una feroz matanza.

La anciana reina, Hécuba, iluminada por un incendio apocalíptico, denuncia la orfandad universal de las víctimas.

*AY DE MÍ, EL FUEGO DEVORA YA EL ELEVADO ALCÁZAR...*

*... Y LA CIUDAD ENTERA, Y LAS MÁS ALTAS MURALLAS...*

*EL POLVO Y EL HUMO, EN ALAS DE LOS VIENTOS, ME ROBAN MI PALACIO. SE OLVIDARÁ EL NOMBRE DE ESTE LUGAR, COMO TODO SE OLVIDA.*

*TIEMBLA, TIEMBLA LA TIERRA AL DESPLOMARSE TROYA; TEMBLOROSOS MIEMBROS MÍOS, ARRASTRAD MIS PIES. VAMOS A VIVIR EN LA ESCLAVITUD.*

En una producción financiada con dinero público, Eurípides se atrevió a tomar partido por los enemigos frente a sus compatriotas, por las perdedoras frente a los ganadores. Durante milenios, tras cada gran guerra, esta obra se ha vuelto a representar. La desdentada Hécuba habla de nuevo, también hoy, desde las trincheras calientes y los escombros, en nombre de los atropellados de la guerra, antes de que empecemos a olvidar.

*¡LOS HOMICIDIOS INDIVIDUALES LOS CASTIGAMOS! PERO ¿QUÉ DECIR DE LAS GUERRAS Y DEL GLORIOSO DELITO DE ARRASAR PUEBLOS ENTEROS? HECHOS QUE SE PAGARÍAN CON LA PENA DE MUERTE LOS ELOGIAMOS PORQUE LOS COMETE QUIEN LLEVA INSIGNIAS DE GENERAL.*

*LA AUTORIDAD PÚBLICA ORDENA LO QUE ESTÁ PROHIBIDO A LOS PARTICULARES, LA VIOLENCIA SE EJERCE MEDIANTE DECISIONES DEL SENADO. EL SER HUMANO NO SE AVERGÜENZA DE HACER LA GUERRA Y DE ENCOMENDAR A SUS HIJOS QUE LA HAGAN.*

Los clásicos fueron en ocasiones profundamente críticos con su mundo y con el nuestro. Séneca nos sigue desafiando hoy: este pasaje de sus *Cartas a Lucilio* marca un hito en la historia del pacifismo. Hannah Arendt escribió: «El pasado no lleva hacia atrás, sino que impulsa hacia delante, y es el futuro el que nos conduce al pasado».

## CANON: HISTORIA DE UN JUNCO

La palabra griega *canon* tiene origen vegetal: significa «recto como una caña».

El canon era una vara de medir que los antiguos constructores utilizaban para trazar líneas rectas y fijar con precisión proporciones y escalas.

En su tratado *Kanón*, el escultor Policleto afirmó que la figura humana perfecta mide siete veces el tamaño de su cabeza. En el *Doríforo* inauguró esas medidas masculinas deseables y la dictadura de la imagen: los jóvenes soñaban con esculpir así su cuerpo en el *gymnasion*.

Aristóteles llevó nuestra humilde caña al terreno de la ética. El filósofo escribió que el canon moral, la norma de acción, debía ser:

LA FORMA DE COMPORTARSE DE UNA PERSONA HONRADA Y CABAL.

La receta aristotélica para resolver dilemas de conciencia me recuerda una frase de Cary Grant en *Vivir para gozar*.

CUANDO ESTOY EN UN APURO, ME PREGUNTO: ¿QUÉ HARÍA LA GENERAL MOTORS EN MI SITUACIÓN? Y HAGO LO CONTRARIO.

Y así aterrizó el concepto en la literatura. En el siglo IV, llamaron «canon eclesiástico» a los libros de inspiración divina, como ejemplo de conducta. Con el tiempo, algunos eruditos utilizaron la expresión «canon» para definir la lista de los autores clásicos y modélicos. Así se inició la batalla por delimitar ese selecto club de escritores, casi siempre hombres, casi todos blancos, casi nunca pobres.

En realidad, muchos clásicos han llegado a serlo ganando la partida a la autoridad que intentaba destruirlos. Los libros de Ovidio vencieron a Augusto; los versos de Safo al papa Gregorio VII; las amenazas de Platón contra los poetas no tuvieron consecuencias.

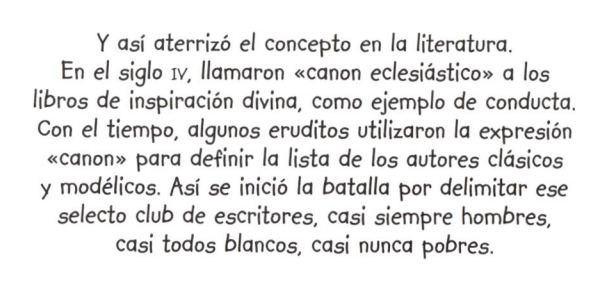

Han sobrevivido en el canon obras consideradas heréticas y peligrosas como *De rerum natura*, de Lucrecio; *Gargantúa y Pantagruel*, de Rabelais; o las narraciones de Sade. Los nazis no lograron exterminar el fabuloso legado de la literatura judía.

Las fábulas de animales fueron el único género antiguo que, sin tener raíces aristocráticas, logró consagrar a sus propios clásicos. Esopo y Fedro retrataron el mundo como una lucha entre criaturas humildes y las bestias más poderosas.

Las fábulas denunciaban que, en la vida real, los seres desvalidos suelen salir trasquilados. No hay nada parecido por su crudeza y su desencanto en el canon. Si sobrevivieron estas historias populares, ajenas a la élite, fue sin duda porque los maestros durante siglos las utilizaban en sus clases.

Es allí, en las escuelas, donde se construye el canon. Al estudiar a esos autores, los conviertes en clásicos. Los lectores —como tú— están forjando el canon del futuro. Por eso, cada vez que, en un aula, alguien decide dar voz a un autor —a una autora— está cambiando la memoria del porvenir.

SI ME COLOCAS ENTRE LOS POETAS LÍRICOS, TOCARÉ CON MI ELEVADA FRENTE LAS ESTRELLAS.

Algunos autores viven convencidos de su valía intemporal y no tienen reparo en nombrarse a sí mismos entre los grandes genios de la historia. Horacio, encantado de leerse, compartió con sus lectores esta imparcial opinión sobre su propia obra.

HE CONCLUIDO UN MONUMENTO MÁS DURADERO QUE EL BRONCE, QUE NO PODRÁN DESTRUIR LAS LLUVIAS PERSISTENTES, LOS FRÍOS VIENTOS NI EL PASO DEL TIEMPO CON SU SERIE INNUMERABLE DE AÑOS.

NO MORIRÉ DEL TODO.

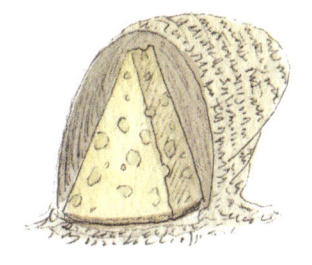

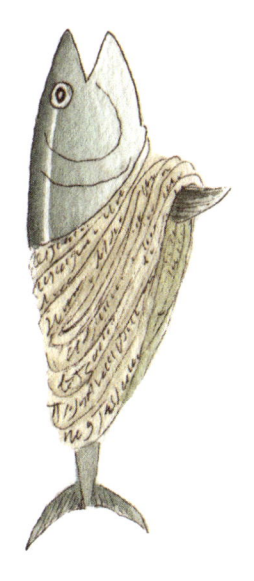

En cambio, otros aprenden a no tomarse demasiado en serio y a moderar su entusiasmo. Marcial, un autor sin presencia en la escuela, bromea en sus *Epigramas* sobre la suerte de sus libros. Imagina que terminan sus días como envoltorio de comida, túnicas para atunes o capuchas para el queso. Posiblemente temía ingresar en ese submundo de la literatura que moría en las cocinas.

Los dos, Horacio y Marcial, son hoy clásicos.

Pese al prestigio de los clásicos, durante siglos los libros han sido reciclados y reutilizados sin piedad. Por ejemplo, servían para empaquetar mercancías en los comercios. Cuenta Cervantes que vio en Toledo a un joven cargado con papel para embalar. Al curiosear descubrió que esas hojas contenían las mismísimas aventuras del caballero de la Mancha.

Otro uso insospechado nos conduce a un retrete inglés de 1887. Mientras defecaba, un caballero encontró unas hojas para limpiarse. Antes de aplicarlas con esmero a su función higiénica, sus ojos se posaron en las letras góticas. Tuvo el presentimiento de un HALLAZGO.

La casera confesó que había heredado la polvorienta biblioteca de su padre. Ante el incordio de tanto bulto inútil, la dedicó a suministro para el retrete. El joven, apasionado bibliófilo, le reveló que ese libro era un ejemplar único y valiosísimo: una obra que había inspirado al legendario Shakespeare.

En la novela del escritor checo Bohumil Hrabal, *Una soledad demasiado ruidosa*, el protagonista –un enamorado de los libros– trabaja en una prensa de reciclar papel. Sabe que allí expiran obras maravillosas, pero no puede detener el flujo de la destrucción. Su homenaje a las páginas que tanto ama consiste en ser su último lector y en preparar con esmero sus tumbas, es decir, los fardos embalados.

«Al anochecer me deleito contemplando aquella belleza, los paquetes adornados. Y solo yo sé que en el corazón de este paquete descansa *Fausto*, en ese *Hiperión* y en aquel *Así habló Zaratustra*. No soy sino un tierno carnicero».

186

Las mentalidades y las miradas cambian: el canon también. Autores que fueron increíblemente famosos en ciertas épocas, caen después en el olvido. Cada generación distingue el buen gusto –el mío– y la vulgaridad –la tuya–. Y cada corriente literaria vacía los pedestales para aupar en ellos a sus favoritos. Por eso, un canon refleja las ideas y los prejuicios de su momento histórico. Al final, solo el tiempo tiene la última palabra.

Solemos pensar que clásicos son esos títulos que nos obligan a leer en las aulas. En realidad, son los libros más amados a lo largo del tiempo, salvados de mil peligros por una larga cadena de gente apasionada. J. M. Coetzee escribió:

CLÁSICO ES AQUELLO QUE SOBREVIVE A LA PEOR BARBARIE, PORQUE HAY GENERACIONES DE PERSONAS QUE SE AGARRAN A ELLOS A CUALQUIER PRECIO.

Lo clásico supera los límites temporales y la geografía de su creación. Resiste la manipulación política, incluso por parte de regímenes totalitarios. A pesar de sus motivaciones propagandísticas, hay algo en las películas de Einsestein rodadas para los comunistas soviéticos, o el documental olímpico de Leni Riefenstahl para los nazis, que las hace volar hasta nuestros ojos hechizados.

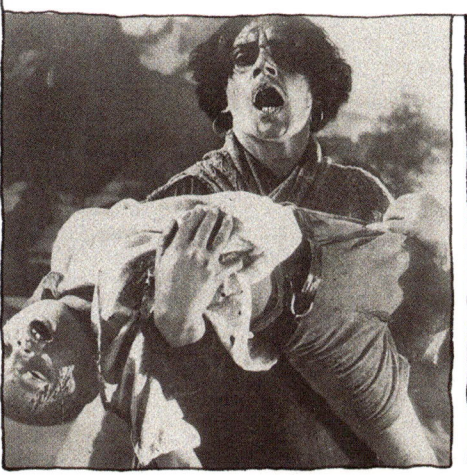

Detestamos las listas y al mismo tiempo somos adictos a ellas. Nos fascinan los grandes premios. Se editan innumerables libros titulados *Los cien mejores...* Odiamos y deseamos el canon.

Hoy queremos rescatar del olvido las voces que quedaron orilladas. El canon nació asociado a los tallos de los juncos, resistentes pero también flexibles. Son hijos de las riberas donde la corriente serpea, cambia, dibuja meandros. Un río que parece siempre el mismo, pero con distinta agua.

## AÑICOS DE VOCES FEMENINAS

Sulpicia se atrevió a contar su historia de amor prohibido. Son los únicos versos de amor escritos por una mujer de la Roma clásica que han llegado hasta nosotros. En cuarenta versos, exige algo poco común en la época: libertad y placer. Reivindica su pasión por un hombre, Cerinto –tal vez un esclavo o un liberto–, al que su familia rechaza. Una relación escandalosa para una joven aristócrata.

«¡Al fin llegaste!
Conmovido por mis cantos,
te trajo Amor a mi regazo.
Me alegra haber cometido esta falta.
Revelarlo y gritarlo.
No, no quiero confiar mi placer
a la estúpida intimidad de mis notas.
Voy a desafiar la norma,
me asquea fingir por el qué dirán.
Fuimos la una digna del otro,
que se diga eso.
Y la que no tenga su historia
que cuente la mía».

La otra gran transgresión de Sulpicia fue hacer pública su rebeldía. La palabra, herramienta de la lucha política, estaba negada a las mujeres. Se rendía culto a una diosa femenina del silencio, Tácita Muda. Contaba la leyenda que Tácita fue una ninfa descarada que no se dejaba acallar. Júpiter le arrancó la lengua para dejar claro que hablar libremente era cosa de hombres.

Hemos podido leer los versos de Sulpicia porque no llevaban su nombre. Estaban insertos entre los poemas de Tibulo, un escritor del círculo de su tío. El gran prestigio de este autor ayudó a preservar los textos durante siglos.

Sulpicia no fue la única. Sabemos que al menos otras veinte damas romanas se atrevieron a crear literatura, invadiendo el terreno de los hombres. Todas eran ricas y publicaban al abrigo de poderosos. Aun así, aquellas leyes fronterizas solo les permitían practicar géneros asociados a su vida interior. No pudieron escribir la historia.

Sus textos, fragmentos que ocupan unas pocas páginas, nos han llegado hechos añicos. Sulpicia avanzó hacia el futuro con su involuntario pseudónimo masculino, pero las demás naufragaron lentamente en el silencio. Al seguir su rastro tanteamos un paisaje de sombras donde ya solo es posible conversar con los ecos.

Y, sin embargo, desde tiempos remotos las mujeres han contado historias, han cantado romances y enhebrado versos al amor de la hoguera.

Cuando era niña, mi madre desplegó ante mí el universo de las historias susurradas, y no por casualidad. A lo largo de los siglos, han sido sobre todo las mujeres las encargadas de desovillar en la noche la memoria de los cuentos. Han sido las tejedoras de relatos y retales.

Durante siglos, han devanado historias al mismo tiempo que hacían girar la rueca o manejaban la lanzadera del telar. Anudaban sus alegrías, ilusiones, angustias, terrores y creencias más íntimas. Teñían de colores la monotonía. Entrelazaban verbos, lana, adjetivos y seda.

Por eso textos y tejidos comparten tantas palabras: la trama del relato, el nudo del argumento, el hilo de una historia, el desenlace de la narración; devanarse los sesos, bordar un discurso, hilar fino, urdir una intriga.

Por eso los viejos mitos nos hablan de la tela de Penélope, de las túnicas de Nausícaa, de los bordados de Aracne, del hilo de Ariadna, de la hebra de la vida que hilaban las moiras, del lienzo de los destinos que cosían las nornas, del tapiz mágico de Sherezade.

Ahora mi madre y yo susurramos las historias de la noche en los oídos de mi hijo. Aunque ya no soy aquella niña, escribo para que no se acaben los cuentos. Escribo porque no sé coser, ni hacer punto; nunca aprendí a bordar, pero me fascina la delicada urdimbre de las palabras. Me siento heredera de esas mujeres que desde siempre han tejido y destejido historias. Escribo para que no se rompa el viejo hilo de voz.

## LO QUE SE CREÍA ETERNO RESULTÓ EFÍMERO

Un amanecer del año 212, más de treinta millones de personas se levantaron con una identidad nueva. El emperador Caracalla concedió la ciudadanía romana a todos los habitantes libres del imperio, desde Escocia hasta Siria, de Capadocia a Mauritania. Fue una decisión revolucionaria que borró la distinción entre autóctonos y extranjeros. Para sentirse miembros de una misma comunidad, necesitaban unos lazos compartidos. ¿Qué vínculos unían a una multitud tan variada? Un tapiz de pensamientos, mitos y libros.

Por las calzadas del imperio, ideas y ficciones transitaron de un confín a otro de la geografía conocida. Sedujeron a gentes de diversos orígenes que habían aprendido a leer en las escuelas romanas tras generaciones de inmemorial analfabetismo. Legiones de copistas nutrían ese apetito de letra escrita. Nunca había existido una comunidad semejante de lectores extendida por varios continentes y unida por los mismos libros.

Con el tiempo, todo aquel sueño colectivo sucumbió. Lo que parecía estable resultó frágil. Llegaron siglos de anarquía, de fraccionamiento, de invasiones, de seísmos religiosos. El trabajo de copia cesó. Las bibliotecas entraron en decadencia. Durante décadas terribles, sufrieron el pillaje de los bárbaros y la destrucción a manos de fanáticos.

A finales del siglo IV, un historiador lamentaba que los romanos hubiesen abandonado la lectura. Le indignaba que sus compatriotas chapoteasen en la trivialidad mientras el imperio se desmoronaba y la ligazón cultural se disolvía: «Los pocos hogares que antes eran respetados por el cultivo serio de los estudios ahora se dejan llevar por los deleites de la pereza. Y así, en lugar de un filósofo se reclama a un cantante».

Tras una larga y lenta agonía, el Imperio de Occidente se vino abajo en el año 476. Expropiados de sus mansiones, convertidos en esclavos o relegados a aldeas perdidas, los romanos tuvieron necesidades más apremiantes y duelos más hondos que la nostalgia de sus bibliotecas perdidas. Durante cientos de años, el sueño de Alejandría volvió a correr peligro. Hasta la invención de la imprenta, milenios de saber quedaron en manos de muy pocas personas, embarcadas en una heroica y casi inverosímil tarea de salvamento.

En el año 529, el emperador Justiniano prohibió a quienes permanecían «bajo la locura del paganismo» dedicarse a la enseñanza. Imagino a uno de aquellos filósofos proscritos en sus melancólicos paseos por una fantasmal Atenas. Le sobran razones para el pesimismo. Los templos abandonados se derrumban, los teatros han enmudecido, las bibliotecas son reinos de polvo y gusanos. Los bárbaros invasores prenden fuego a las maravillas de la antigua cultura con indiferencia. ¿Qué destino aguarda a las ideas que ya no se permite enseñar, a los libros condenados a arder? Es el fin.

Entonces, como en un sueño, el filósofo es asaltado por una jauría de extrañas visiones. Cuando el ocaso parece inevitable, las fábulas, ideas y mitos clásicos encuentran un paradójico refugio en los monasterios. Allí, algunos monjes, también monjas, aprenden el laborioso arte de la fabricación de pergaminos. Letra a letra, palabra por palabra, copian y preservan los mejores libros paganos, y los iluminan con delicadas selvas de figuras, oro y colores.

Pero todo esto es tan improbable que solo puede ser un sueño. De pronto el filósofo ve las primeras universidades en Bolonia y Oxford algunos siglos más tarde. Los profesores y estudiantes, sedientos de alegría y belleza, como si volvieran a casa, buscan otra vez las palabras de los viejos clásicos.

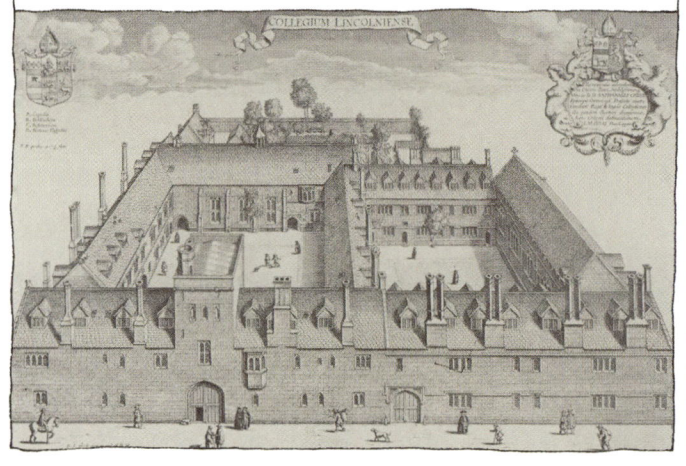

Los mercaderes traen de China y Samarcanda una maravillosa novedad, el papel. Ese nuevo material, mucho más barato que el pergamino y más fácil de producir, facilitará la expansión de los libros y nutrirá una revolución cultural.

Pero todas estas fantasías, se dice recurriendo a la fría lógica, solo pueden ser alucinaciones. Se le aparecen entonces los humanistas, tercos soñadores empeñados en restaurar el esplendor de la Antigüedad. Leen, copian y editan con pasión los textos paganos que han sobrevivido al naufragio.

También ve a un tallador de piedras preciosas llamado Gutenberg, inventor de un extraño copista de metal que no descansa jamás. Con la imprenta, los libros vuelven a expandirse, y la curiosidad se va liberando de miedos y pecados.

Y cuando su imaginación se adentra unos siglos más lejos, siempre oscurecidos por el zarpazo del terror y las guerras, adivina a unos hombres que, añorantes de los antiguos saberes, se embarcan en la aventura de la Enciclopedia.

En su delirio, contempla a la gente del futuro fascinada por unas raras tablillas luminosas que acarician con las yemas de los dedos. También en esos tiempos de tecnologías centelleantes, seguirán dando forma a sus ideas –el poder, la ciudadanía, la violencia, el lujo y la belleza– en diálogo con los libros donde hablan nuestros clásicos.

Y así es como todo lo que amamos se salvará a través de un camino accidentado, plagado de desvíos, que en muchos momentos amenazará con perderse en la nada.

Pero todo esto es inverosímil como un sueño, y nadie en su sano juicio creería una hipótesis tan descabellada, se dice.

Solo un prodigio, o uno de esos milagros con los que se ilusionan los cristianos, podría salvar nuestra sabiduría y cobijarla en las bibliotecas imposibles del mañana.

## ATRÉVETE A RECORDAR

La invención de los libros ha sido tal vez el mayor triunfo en nuestra tenaz lucha contra la destrucción. Nuestros mitos, leyendas e ideas entrelazan a lectores de distintas geografías y de generaciones sucesivas a lo largo de los siglos.

Stefan Zweig

> LOS LIBROS SE ESCRIBEN PARA UNIR A LOS SERES HUMANOS, Y ASÍ DEFENDERNOS FRENTE AL INEXORABLE REVERSO DE TODA EXISTENCIA: LA FUGACIDAD Y EL OLVIDO.

Hipócrates

> TEN EN CUENTA LOS MEDIOS DE TU PACIENTE. EN OCASIONES DEBES INCLUSO PRESTAR TUS SERVICIOS GRATUITAMENTE; Y, SI ENCUENTRAS A UN EXTRANJERO CON DIFICULTADES ECONÓMICAS, PRÉSTALE PLENA ASISTENCIA.

Hemos ensayado libros de humo, de piedra, de tierra, de juncos, de seda, de piel, de harapos, de árboles y, ahora, de luz. Sin esos vehículos de palabras, tal vez habríamos olvidado a aquellos griegos temerarios que pusieron el poder en manos del pueblo; o a los médicos hipocráticos que decidieron cuidar a pobres y a esclavos...

... a Eratóstenes, que calculó la circunferencia de la Tierra utilizando tan solo un palo y un camello; a Aristóteles hablando con sus alumnos; o a ese griego cristiano que pronunció quizá el primer discurso igualitario cuando dijo:

Pablo de Tarso

> NO HAY JUDÍO NI GRIEGO, NI ESCLAVO NI HOMBRE LIBRE, NI HOMBRE NI MUJER.

Aristóteles

> LA DIFERENCIA ENTRE EL SABIO Y EL IGNORANTE ES LA MISMA QUE ENTRE EL VIVO Y EL MUERTO.

¿Quiénes seríamos hoy si hubiéramos perdido el recuerdo de todos esos hallazgos?

Elias Canetti

> SI CADA ÉPOCA PERDIESE EL CONTACTO CON LAS ANTERIORES, SI CADA SIGLO CORTASE EL CORDÓN UMBILICAL, SOLO PODRÍAMOS CONSTRUIR UNA FÁBULA SIN PORVENIR. SERÍA LA ASFIXIA.

Platón

> NACER MUJER ES EL CASTIGO Y LA EXPIACIÓN PARA AQUELLOS HOMBRES QUE FUERON INJUSTOS EN UNA VIDA PREVIA.

No pretendo omitir las zonas de sombra de esta historia. Los libros también pueden ser vehículo de ideas dañinas. Aristóteles escribió que los esclavos son inferiores por naturaleza, Marcial hace chistes a costa de gente con defectos físicos.

Los libros nos convierten en herederos de todos los relatos: los mejores, los peores, los ambiguos, los problemáticos, los de doble filo. Disponer de todos ellos es bueno para pensar, y permite elegir.

Walter Benjamin

> NO HAY DOCUMENTO DE CULTURA QUE NO LO SEA AL MISMO TIEMPO DE BARBARIE.

Los libros han legitimado acontecimientos terribles, pero también han sustentado nuestros mejores relatos, saberes e inventos: la igualdad de los seres humanos, la posibilidad de elegir a nuestros dirigentes, la intuición de que tal vez los niños estén mejor en la escuela que trabajando, la voluntad de cuidar con el erario público a los enfermos, los ancianos y los frágiles.

Sin los libros, las mejores ideas de nuestro mundo se habrían esfumado en el olvido.

Fernando Sanmartín

> QUIENES SOMOS LECTORES TENEMOS UN PASADO DENTRO DE LOS LIBROS. PARA BIEN O PARA MAL. PORQUE LEÍMOS COSAS QUE HOY NOS CAUSARÍAN PERPLEJIDAD. PERO TAMBIÉN LEÍMOS PÁGINAS QUE TODAVÍA NOS PROVOCAN ENTUSIASMO O CERTEZAS.

## EPÍLOGO
## LOS OLVIDADOS, LAS ANÓNIMAS

Un pequeño ejército de caballos y mulas se aventura cada día por las resbaladizas pendientes y quebradas de los montes Apalaches, con las alforjas cargadas de libros. Los jinetes son, en su mayoría, mujeres, amazonas de las letras.

Las familias de esos condados montañosos son pobres y temen a los extraños, ya sea la autoridad o un forajido. Apenas han podido ir a la escuela y se asustan cuando un desconocido les muestra un papel.

Una deuda sin pagar, una denuncia malintencionada o un pleito incomprensible podrían arrasar sus escasas propiedades.

El miedo se convierte en sorpresa cuando ven desmontar a esas mujeres que, al abrir las alforjas, sacan libros.

No acaban de entender su jerga extraña: proyecto federal, *New Deal*, servicio público, planes para extender la lectura. Respiran con alivio. Nadie menciona impuestos, tribunales o desahucios.

El objetivo era combatir el desempleo, la pobreza y el analfabetismo mediante amplias dosis de cultura. Sin embargo, en las escarpadas cordilleras de Kentucky era impensable un sistema de bibliotecas móviles en vehículos.

Las aguerridas bibliotecarias encontraron la solución: cabalgar con los libros a cuestas hasta los reductos más aislados. Cada jinete recorría tres rutas distintas a la semana. Atravesaban collados y quebradas, desfiladeros y precipicios.

No faltaba la épica en sus cabalgadas solitarias. Si el caballo se hería, las mujeres continuaban a pie, acarreando la pesada alforja de mundos imaginarios. Con el paso de los meses, los montañeses se transformaron en ávidos lectores.

En cierta ocasión, una familia se negó a mudarse a otro condado porque allí no había servicio bibliotecario. Las amazonas leían en voz alta a niños y enfermos, y así mejoraron la salud y los hábitos de higiene en la región.

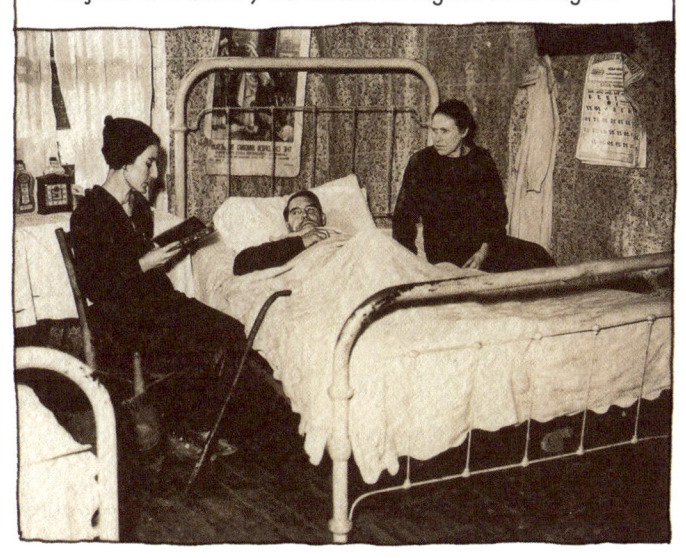

Los libros pusieron en contacto a los nuevos lectores con un tipo de magia que siempre se les había negado. Los niños leían a sus padres analfabetos.

La odisea de las mil bibliotecarias hípicas terminó en 1943, cuando la guerra sustituyó a la cultura como antídoto frente al desempleo. Pero la milenaria aventura de los salvadores de libros continúa aquí, en tus manos.

TUS LIBROS NOS HAN SALVADO LA VIDA.

Somos los únicos animales que fabulan, que ahuyentan la oscuridad con cuentos, que gracias a los relatos aprenden a convivir con el caos, que avivan los rescoldos de las hogueras con el aire de sus palabras, que recorren largas distancias para llevar sus historias a los extraños. Y cuando compartimos los mismos relatos, dejamos de ser extraños.

Al fin y al cabo, ¿qué es un cuento? Una secuencia de palabras. Un soplo. Una corriente de aire que sale de los pulmones, atraviesa la laringe, vibra en las cuerdas vocales y recibe la caricia de los dientes y los labios. Parece imposible salvar algo tan frágil. Pero la humanidad desafió la soberanía absoluta de la destrucción al inventar la escritura y los libros. Gracias a ese hallazgo, nació un espacio inmenso de encuentro con los otros y creció la esperanza de vida de las ideas. El amor por los libros forjó una cadena invisible de gente –hombres y mujeres– que, sin conocerse, ha salvado el tesoro de las mejores historias, sueños y pensamientos a lo largo del tiempo.

Esta es la crónica de una novela coral aún por escribir. El relato de una fabulosa aventura colectiva, la pasión callada de tantos seres humanos unidos por esta misteriosa lealtad: narradoras orales, inventores, escribas, iluminadores, bibliotecarias, traductores, libreras, vendedores ambulantes, maestras, sabios, espías, rebeldes, viajeros, monjas, esclavos, aventureras, impresores. Lectores en sus clubs, en sus casas, en cumbres de montaña, junto al mar que ruge. Gente común cuyos nombres en muchos casos no registra la historia. Los olvidados, las anónimas. Personas que lucharon por nosotros, por los rostros nebulosos del futuro.

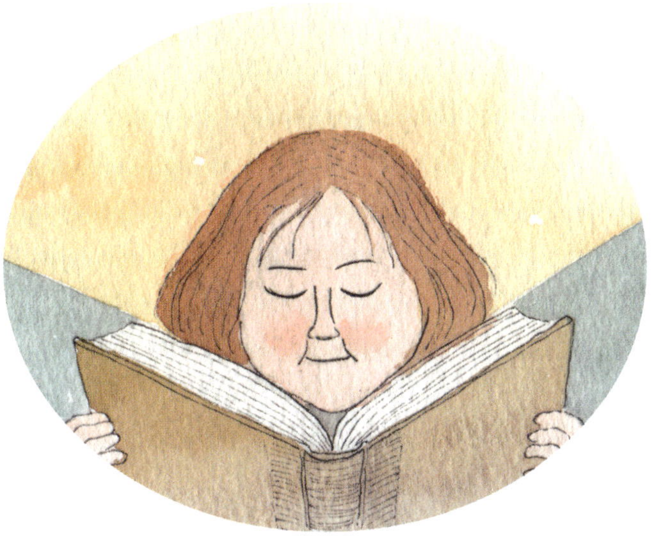

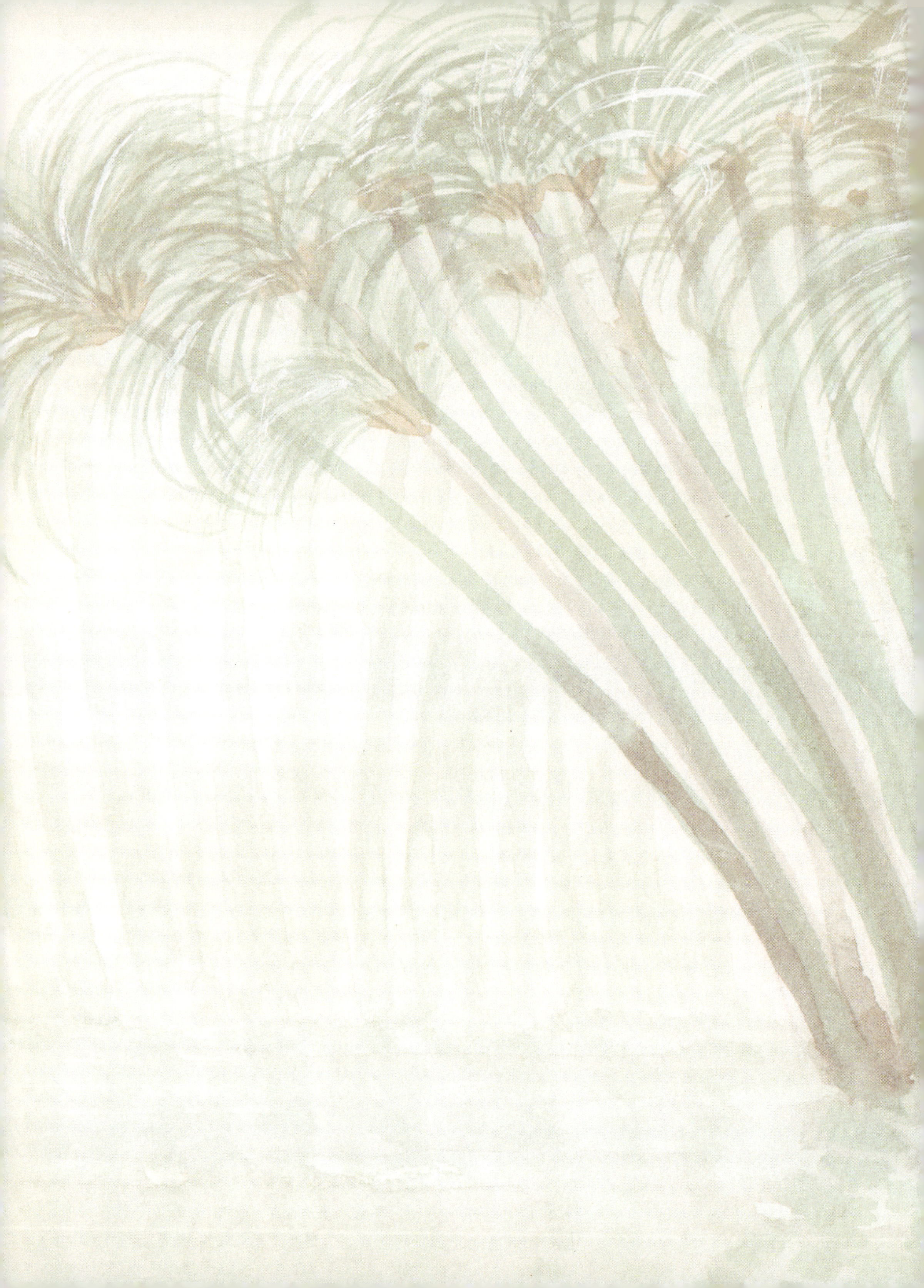

## NOTA DE AGRADECIMIENTO

De niña, me gustaba caminar agarrada a la mano grande de mi abuelo. A su lado, sentía una seguridad absoluta. No solo cuidaba de mí, tenía un instinto protector universal. En la calle, encajaba las tapas de las alcantarillas o cargaba cubos de agua desde su casa para regar los árboles durante los terribles veranos de Zaragoza. Mi abuelo quería impedir los males, salvar a las plantas y a los desconocidos. Cuando recogía una traicionera piel de plátano abandonada, me decía: «¿Ves? El bien no se nota. Alguien se va a librar de tropezar aquí, caerse y romperse la pierna. Y nunca se enterará». *El infinito en un junco* trata sobre personas como mi abuelo. Sobre los salvadores invisibles. Sobre la destrucción que alguien evitó con un esfuerzo mudo. Sobre el caos que pudo ser, y no fue. Sobre el bien que no se nota.

En esa misma época, crecía fascinada por los tebeos. Recuerdo tardes enteras leyendo en la biblioteca del parque, viajando con los ojos en globos, viñetas y onomatopeyas, recorriendo calzadas romanas, acompañando a periodistas exploradores y capitanes malhablados, curioseando en edificios de personajes desternillantes. La idea estrafalaria de crear un cómic basado en las peripecias de este ensayo me pareció un regalo asombroso, el sueño cumplido de aquellos voraces días de infancia.

Para esta aventura, he tenido la fortuna de contar con un lector capaz de desplegar un fabuloso imaginario visual, Tyto Alba, que ha dibujado los rostros de los jinetes misteriosos, de las amazonas libreras y demás habitantes de este mosaico de historias. Con su deslumbrante talento, dio rostro humano al infinito. Y cuando por fin tuvimos la primera edición entre manos, tomamos la apasionada decisión de continuar el viaje. Este libro, nacido como tributo a los libros, tenía que ser el mejor cómic que fuéramos capaces de crear. Así que nos embarcamos en la odisea de reescribirlo: una versión renovada con mayor protagonismo del dibujo. A esta navegación se sumó, entusiasmada, la maravillosa Xisca Mas en la edición de textos y la eclosión de ideas. Pudimos incorporar cientos de sugerencias, propuestas y pasajes favoritos de quienes llamo cariñosamente «tribu del junco». Me gusta pensar que sus lecturas han dejado huella en las páginas de este cómic, alumbrado tras años de una conversación infinita e inaudita. La literatura propone una colaboración entre el narrador y el público, entre la escritora y la lectora; leer es fabulación y confabulación.

*El infinito en un junco* nació pequeño, a la intemperie, en las antípodas de las grandes esperanzas. Creció gracias a la generosidad de íntimos desconocidos, de secretas entusiastas, y de artistas que lo han acompañado –entre globos y nubes– hasta convertirse en este mosaico de colores, viñetas y palabras. Escribir supone confiarse una misma a otras manos, miradas y voces. Y ahí es donde ha sucedido lo insólito, esta emocionante polifonía de lecturas rítmicas y acompasadas. Como dirían Blanche DuBois en *Un tranvía llamado deseo* y mi abuelo, este es un libro salvado por la bondad de los desconocidos. A unos y otras, a ti, a quienes mantienen viva esta milenaria aventura, mi gratitud infinita.

Irene Vallejo

## RELACIÓN DE LIBROS CITADOS

*El cuarteto de Alejandría*, Lawrence Durrell
*Ilíada*, Homero
*Odisea*, Homero
*El señor de los anillos*, J. R. R. Tolkien
*El Corán*
*La Biblia*
*Desembalo mi biblioteca*, Walter Benjamin
«La biblioteca de Babel», *Ficciones*, Jorge Luis Borges
*La Torá*
*Batracomiomaquia*, Anónimo
*El jardín de los Finzi-Contini*, Giorgio Bassani
*Confesiones*, San Agustín
*Una historia de la lectura*, Alberto Manguel
*Alicia en el país de las maravillas*, Lewis Carroll
*Réquiem*, Anna Ajmátova
*El Ramayana*, Tulsidas
*Las mil y una noches*, Anónimo
*Los trabajos y los días*, Hesíodo
*Fedro*, Platón
*Hiperión*, Friedrich Hölderlin
*Farenheit 451*, Ray Bradbury
*La República*, Platón
*Meditaciones*, Marco Aurelio
*Walden*, Henry David Thoreau
*Ensayos completos*, Bertrand Russell
*Descripción de Grecia*, Pausanias
*Sobre la naturaleza*, Heráclito
*La librería ambulante*, Christopher Morley
*Historia de la sexualidad*, Michel Foucault
*Diccionario de uso del español*, María Moliner
*Antígona*, Sófocles
*Medea*, Eurípides
*Himnos*, Enheduanna
*Poemas*, Safo
*Lisístrata*, Aristófanes
*Las asambleístas*, Aristófanes
*Ulises*, James Joyce
*Los persas*, Esquilo
*Historias*, Heródoto
*Viajes con Heródoto*, Rysard Kapuściński
*El nombre de la rosa*, Umberto Eco
*Matar a un ruiseñor*, Harper Lee
*Las aventuras de Tom Sawyer*, Mark Twain
*Las aventuras de Huckleberry Finn*, Mark Twain
*Cuentos de hadas políticamente correctos*, Finn Garner
*1984*, George Orwell
*Mitos de Cthulhu*, H. P. Lovecraft

*Los sufrimientos del joven Werther*, Goethe
*Fedón*, Platón
*El placer*, Gabriele D'Annunzio.
*País de las últimas cosas*, Paul Auster
*Cuaderno de Sarajevo*, Juan Goytisolo
*Eneida*, Virgilio
*Goethe en Dachau*, Nico Rost
*Vestidas para un baile en la nieve*, Monika Zgustova
*Resurrección*, Lev Tolstói
*Don Quijote de la Mancha*, Miguel de Cervantes
«Las tribus salvajes», Irene Vallejo
*El gran Gatsby*, Francis Scott Fitzgerald
*Campos de Castilla*, Antonio Machado
*Anales*, Cremucio Cordo
*Pálido fuego*, Vladimir Nabokov
*84, Charing Cross Road*, Helene Hanff
*Una librería en Berlín*, Françoise Frenkel
*Mein Kampf*, Adolf Hitler
*Librerías*, Jorge Carrión
*Memoria de librería*, Paco Puche
*Los versos satánicos*, Salman Rushdie
*Benedictional*, San Ethelwold
*Apophoreta*, Marcial
*Arte de amar*, Ovidio
*Tristia*, Ovidio
*De profundis*, Oscar Wilde
*Anales*, Cremucio Cordo
*Por qué leer los clásicos*, Italo Calvino
*Frankenstein o el moderno Prometeo*, Mary Shelley
*Edipo Rey*, Sófocles
*El rey Lear*, William Shakespeare
*La epopeya de Gilgamesh*, Anónimo
*Metamorfosis*, Ovidio
*Orlando*, Virginia Woolf
*La ciudad de cristal*, Paul Auster
*La desaparición de la literatura*, Mark Twain
*Moby Dick*, Herman Melville
*Las Troyanas*, Eurípides
*Cartas a Lucilio*, Séneca
*Fausto*, Goethe
*Hiperión*, Friedrich Hölderlin
*Así habló Zaratustra*, Friedich Nietzsche
*De rerum natura*, Lucrecio
*Gargantúa y Pantagruel*, François Rabelais
*Epigramas*, Marcial
*Una soledad demasiado ruidosa*, Bohumil Hrabal

**Irene Vallejo** (Zaragoza, 1979) estudió Filología Clásica y obtuvo el Doctorado Europeo por las Universidades de Zaragoza y Florencia. Su ensayo *El infinito en un junco* (2019) se ha convertido en un éxito internacional entre crítica y lectores. Además de galardones internacionales como el Prix Livre de Poche en Francia, el Premio Wenjin de la Biblioteca Nacional de China o el Premio Henríquez Ureña de la Academia Mexicana de la Lengua, ha sido reconocido en España con el Premio Nacional de Ensayo, el Premio 'Ojo Crítico' de Narrativa, el Premio del Gremio de Librerías o el galardón 'Líder Humanista', entre otros. Contra todo pronóstico, ha superado las 50 ediciones en España, se traduce a 39 idiomas y se está publicando en más de 60 países.

Colabora con prestigiosos medios como *El País* o *Heraldo de Aragón* en España, *Corriere della Sera* en Italia, *Página 12* en Argentina, *La Diaria* en Uruguay, *El espectador* en Colombia y *Milenio* en México. Algunos de sus artículos han sido recopilados en *Alguien habló de nosotros* (2017) y *El futuro recordado* (2020), y también cultiva el ensayo breve como su *Manifiesto por la Lectura* (2020). Entre sus obras de ficción, destacan las novelas *La luz sepultada* (2011) y *El silbido del arquero* (2015), también traducida a numerosos idiomas, así como dos álbumes ilustrados: *El inventor de viajes* (2014) y *La leyenda de las mareas mansas* (2023). Colabora con proyectos sociales como *Érase una voz,* que acerca la literatura a los hospitales infantiles.

**Tyto Alba** (Badalona, 1975) es autor de cómic e ilustrador. Comienza su trayectoria como dibujante, durante una estancia en México, con la publicación del cómic *Black River Together*. De vuelta en España, ilustra artículos de opinión en *El Periódico de Catalunya* y desarrolla el proyecto PDA, con el que realiza cortometrajes de animación en colaboración con niños de diferentes países. En el año 2013, un jurado ilustre compuesto por grandes del cómic como Miguel Gallardo, Paco Roca o Álvaro Pons, le concede el premio Divina Pastora de cómic social por *Los niños invisibles*.

Las obras que ha publicado a lo largo de más de veinte años de carrera demuestran su versatilidad. Ha firmado cómics en solitario como el wéstern *Dos espíritus*; *La casa azul*, un homenaje a Frida Kahlo y Chavela Vargas; *La vida*; *Fellini en Roma*, obra que escribió durante la estancia concedida en la Real Academia de España en Roma; *Balthus y el conde de la Rola*, que acompañó una exposición del pintor francés en el Museo Nacional Thyssen-Bornemisza; o *Whitman*, que relata la vida del famoso poeta estadounidense. Ha trabajado con guión de otros autores en *El hijo, Tante Wussi*, obra ganadora del Premio Ciutat de Palma, y R*ara Avis*, y ha colaborado con escritores para adaptar sus novelas en *Sudd*, ganador del Premio Junceda en la categoría de cómic, *Sólo para gigantes*, y *El olvido que seremos*, galardonado con el Premio Santa Cruz a la mejor novela gráfica.